U0487839

创新视域下体育教学方法与运动心理技能研究

邵国华◎著

吉林出版集团股份有限公司
全国百佳图书出版单位

图书在版编目（CIP）数据

创新视域下体育教学方法与运动心理技能研究 / 邵国华著 . -- 长春：吉林出版集团股份有限公司，2022.11
ISBN 978-7-5534-8607-9

Ⅰ . ①创… Ⅱ . ①邵… Ⅲ . ①体育教学—教学研究②体育心理学—研究 Ⅳ . ① G807.01 ② G804.8

中国版本图书馆 CIP 数据核字 (2022) 第 220820 号

创新视域下体育教学方法与运动心理技能研究
CHUANGXIN SHIYU XIA TIYU JIAOXUE FANGFA YU YUNDONG XINLI JINENG YANJIU

著　者	邵国华
责任编辑	蔡大东
封面设计	李　伟
开　本	710mm×1000mm　　1/16
字　数	190 千
印　张	12
版　次	2023 年 5 月第 1 版
印　次	2023 年 5 月第 1 次印刷
印　刷	天津和萱印刷有限公司
出　版	吉林出版集团股份有限公司
发　行	吉林出版集团股份有限公司
地　址	吉林省长春市福祉大路 5788 号
邮　编	130000
电　话	0431-81629968
邮　箱	11915286@qq.com
书　号	ISBN 978-7-5534-8607-9
定　价	72.00 元

版权所有　翻印必究

作者简介

邵国华：内蒙古师范大学体育学院副教授，硕士研究生，中国体育科学学会会员，国家二级心理咨询师，体育经纪人，国家级社会体育指导员，现任内蒙古师范大学体育学院体育教育系主任。主要从事体育心理学、体育科学研究方法、运动技能学习与控制等课程的教学工作。

前　言

体育教学是把教学的概念与体育的理论体系相结合，形成了全新的教学内容与教学方法。在实际的体育教学过程中，体育教学和其他学科一样，具有完整、成熟的体系，需要进行组织活动和管理活动。体育教学主要是指体育教师在教学的过程中，以体育教材为媒介，与德、智、美、劳的教育课程相配合，引导学生学习体育基本知识、熟知体育基本技术、掌握体育基本技能，并养成良好的体育锻炼习惯，以促进其生理、心理、社会适应能力健康发展的一种活动。

从本质来讲，体育教学是在学校环境中进行的一种教学活动，主要参与者是体育教师和学生，具体的活动内容是学生在教师的组织和指导下，对体育相关的基本知识、体育运动技能、体育运动素养进行了解、掌握并提高自身运动水平，旨在促进学生的身心健康和全面发展。

运动技能指的是在体育运动中能够有效地完成专门动作的能力，包括不同肌肉群在神经系统调节下对工作进行协调的能力。在体育课中，运动技能是一项非常重要的教学内容。运动技能也是体育新课程目标实现所必不可少的"物质"载体。学生的社会适应、运动参与、身心健康、终身体育意识的培养以及运动能力等目标的实现，都建立在对运动技能进行学习的基础之上。体育课教学，就是让学生学习运动技能，对健身的手段、方法进行掌握，从而实现育心、育体的目的。体育课应始终以运动技能教学为核心，不能缺少运动技能教学。假如体育课脱离了运动技能教学，那么便不是真正意义上的体育课，不具备体育课应具有的本质。

本书共分为五章。第一章为体育教学综述，共分为三节，分别是体育教学概述、体育教学理论基础、体育教学现状；第二章为体育教学方法的发展，共分为三节进行叙述，分别是体育教学方法的概述、传统体育教学方法、现代体育教学方法；第三章为运动技能与运动心理技能综述，共分为四节，分别是运动技能概述、运动技能与身体素质、运动心理概述、运动心理训练；第四章为体育心理学研究，共分为四节，分别是体育教育心理学、体育运动心理学、体育锻炼心理学、体育运动与心理健康；第五章，为体育教学创新研究，共分为三节，分别是体育教学方法的创新研究、体育教学模式的创新研究、体育精神与文化创新研究。

  在撰写本书的过程中，作者得到了许多专家学者的帮助和指导，参考了大量的学术文献，在此表示真诚的感谢。本书内容深入浅出，尽量做到系统全面，但由于作者水平有限，书中难免会有疏漏之处，希望广大同行与读者及时指正。

邵国华

2022 年 4 月

目 录

第一章 体育教学综述 1
第一节 体育教学概述 1
第二节 体育教学理论基础 25
第三节 体育教学现状 37

第二章 体育教学方法的发展 43
第一节 体育教学方法的概述 43
第二节 传统体育教学方法 47
第三节 现代体育教学方法 53

第三章 运动技能与运动心理技能综述 59
第一节 运动技能概述 59
第二节 运动技能与身体素质 63
第三节 运动心理概述 75
第四节 运动心理训练 91

第四章 体育心理学研究 111
第一节 体育教育心理学 111
第二节 体育运动心理学 112
第三节 体育锻炼心理学 117
第四节 体育运动与心理健康 120

第五章 体育教学创新研究 ……………………………………… 129
　第一节 体育教学方法的创新研究 …………………………… 129
　第二节 体育教学模式的创新研究 …………………………… 160
　第三节 体育精神与文化创新研究 …………………………… 170

参考文献 …………………………………………………………… 177

第一章 体育教学综述

伴随着体育学科的建立，体育教学活动也随之产生。对于现代教育教学来说，体育教学活动是其重要的组成部分。同时，体育教学活动也是培养全面发展的高素质人才、落实素质教育的重要途径。本章为体育教学综述，主要包括体育教学概述、体育教学理论基础、体育教学现状三部分内容。

第一节 体育教学概述

一、教学的概念

教学是一种特殊的教育活动。从广义来看，所谓教学，是在一定教育目的规范下的，教的人对学的人进行指导，使之学习相关文化知识和技能的活动。教的人除了教师之外，也涵盖各种相关的教育者；学的人除了学生之外，也涵盖各种相关的学习者。从狭义来看，教学指的是学校教学，专门指将特定文化知识或技能等作为教学对象，教师对学生进行引导，共同进行的教与学相统一的活动。从范围上说，教学指的是各级各类、各种形式学校中的教学，通常而言，社会、家庭中的教与学不使用"教学"一词，而使用"教育"一词。除此之外，当代新观念认为，在教学活动中，教师扮演的角色并非传统意义上的"主宰者"，而是组织引导者。同时，教学既非单纯的"教"，也不是单纯的"学"，而是将"教"统一于"学"，在"学"中融入"教"，让"教"对"学"进行组织与引导。

所以，所谓教学，就是基于教育目的的规范，由学生的学和教师的教共同组成的教育活动。通过教学，在教师有步骤、有计划的引导下，学生能对文化知识、技能等进行系统的掌握，实现自身体力、智力的发展，使自己的美德、品德得到陶冶，从而获得个性的全面发展。

体育教学是体育教学论的研究对象。和其他各科教学一样，体育教学也是一个有组织、有机会、有目的地将技能、知识传授给学生，促进学生体力与智力的发展，使之形成个性，对其品德进行塑造与培养的教育过程。然而，相较于其他各科教学，体育教学也有其自身的特殊性。想要实现学校体育目标任务，就要将体育教学作为基本途径。现如今，体育教学并不单指学校体育教学，也包括社会体育教学和竞技运动。然而，对于学校体育而言，主要内容还是通过体育教学达成教学目的、完成教学任务。所以，笔者认为，体育教学是这样一个教育过程：在学校教育中，在教师有组织、有计划、有目的地指导下，学生通过主动积极地对技能和技术的学习、掌握，使自己身体的活动能力得到提升，获得更强的社会环境与自然环境适应力，实现身心健康的增进、个性的发展、思想品德的良好培育。

在考察体育教学时，可以立足系统论观点，将体育教学过程视为一个整体系统。实际上，体育教学系统是一个复杂系统，具有多要素、多层次的特点，而体育教学过程的要素就是体育教学系统的要素。

体育教学过程每一层次的要素都是相同的，将这些要素进行整合，便构成了统一而完整的教学过程。那么，体育教学组成要素具体是指什么呢？学界存在着很多不同观点，概括起来，主要为以下三种：

第一，三要素说。即体育教材、学生、体育教师构成体育教学系统。

第二，四要素说。即体育教材手段、体育教学内容、学生和体育教师构成体育教学系统。

第三，五要素说。即教学物质条件、体育教学方法、体育教材、学生、体育教师构成体育教学系统。

分析上述观点，我们能够发现，有三个基本要素被包含于每一种观点之中，就是体育教材、学生和体育教师。对于体育教学活动而言，"人"是其主体，体育教学过程就是学生与教师双边统一活动的过程，所以，在体育教学中，学生和体育教师这两个基本要素都是不可或缺的。同时，体育教材是学生和体育教师共同的作用对象。在体育教学中，教师主要是以教材为媒介作用于学生。因此，本书认为，体育教材、学生、体育教师是体育教学系统的构成性要素，这三者之间相互作用、彼此依存又相互联系。

学生这一主体正处于学习与成长之中，因此并非每个个体都相同，彼此之间有着很大的差别。由于学生身体直接参与体育教学，在体育活动中，学生会表现出更加鲜明、突出的差异，因而教师需要对学生有更多的认识与了解。不管是从身体功能、体能、体形，还是从个性、爱好、兴趣、性格、气质、情感等方面来看，学生与学生之间的差异性都是十分明显的，这主要是受教育、学校、家庭、遗传等方面的影响。

广义的体育教材，指的是体育教师在对学生进行体育学习指导时所使用的一切教育材料，是体育教学中联结学生与体育教师的媒介。在选择与组织体育教材时，既要从社会发展需要角度进行考虑（因为社会发展制约着教育、学校体育目标），又要从体育运动特点角度进行考虑，还要从能被学生接受、理解、喜爱的角度进行充分考虑。体育教学的成效和学生的身心发展都受体育教材的难度、内容范围等方面的直接影响。

二、体育教学的特点

（一）身心合一的健身统一性

体育能够自然地改造人的身体，这既是生理机能与形态结构的统一，也是心理与身体的统一。体育教学在对学生身体进行改造的同时，也要对学生无形的身体发展予以重视。体育教学要善于营造生动活泼、与智育教学不同的教学氛围，提供给学生良好的环境，促进其心理健康发展。体育活动自身有着强大的吸引力，要善于利用这种吸引力，通过合理的教学组织，将其吸引力进行放大。体育教学不应是枯燥无味的，应当是快乐的，应注重个性的独立解放、注重情绪的积极体验、注重过程的主动参与，这有助于建立和谐宽松的人际关系，让学生能够拥有愉悦欢快的心境，置身于愉快轻松的环境之中，无忧无虑、自由自在、潜移默化地获得身心的健康发展。

体育教学中，身心合一的健身统一性主要体现在以下三个方面：

第一，在进行体育教学时，既要重视对学生身体素质、运动能力和身体各部分的培养，也要重视对学生心理方面的培养，最大限度地从社会学、美学、心理学等方面将良好的体验提供给学生，让学生学习的过程中在完整地完成规定动作时，潜移默化地感受到流畅、默契、协调和成功的愉悦与欢喜。

第二，体育教学的组织教法应当避免一体化的固定模式，应当采用生动活泼的教学形式，让学生能够进行更充分、更开心、更自在、更自由的活动，继而实现内外兼修、身心和谐的目标。

第三，在体育教学过程中，既要注重学生生理负荷的起伏变化，也要注重学生心理活动的起伏变化的规律。学生的身体与心理同时参与体育教学，在反复的动作与休息交替时，学生也会依照一定规律出现生理机能的变化。在练习时，生理机能发生变化，生理机能水平将渐渐上升。在生理机能在达到一定水平后，会先维持一段时间，继而渐渐降低。在一定范围内，因为休息与练习合理地交替进行，所以学生的生理机能变化表现为波浪式曲线；相对应的，学生的心理活动变化也表现为曲线图像，呈现起伏高低状态。体育教学突出的节奏性和身心的统一和谐正体现在这种心理、生理负荷波浪式的曲线变化规律之中。

（二）体育教学过程的教育性

教育性永恒地贯穿于教学过程之中，任何教学过程都要遵循这条基本规律，古今中外的体育教学也都是如此。具体来说，体育教学的教育性重点体现在以下两方面：

一方面，在组织体育教学中的任何活动时，都要遵循一定的规则要求、组织原则、目的任务，需要学生对相应的动作技术予以学习和掌握，使其能够克服各种困难，而这些也构成了一定的体育环境，在这一环境中，学生参加比赛、进行锻炼与学习，就会受到直接影响。体育环境是指学校实现体育教学活动所必需的多种客观条件的综合，除此之外，它还包括班级风气、学校传统、教学条件、教学环境、教师采用的教学方法和使用的教材等，这些都会潜移默化地教育、熏陶、感染学生，有力地吸引学生。

另一方面，学生在体育教学过程中，会更自然、更容易地将自身作风、思想感情表现出来。对于教育者而言，这有利于其对学生自身的特点和思想实际进行把握，继而有针对性地对其进行教育。在体育教学中，包含着丰富的思想品德教育内容。主要有培养愉快活泼、开朗的良好性格，培养果断机智、顽强勇敢、坚韧不拔等优良意志品质，培养胜不骄、败不馁的精神，培养竞争意识，培养互助合作、关心他人、友爱团结的意识与思想，培养热爱集体的意识和情感。

（三）教学目标的多元性

体育教学目标并非单一的，而是多元的，既有促进社会化、规范运动行为、建立和谐关系、促进交往的目标，又有提高心理素质、调节情感的目标，还有提高运动技能、强身健体的目标。政治、经济发展水平等因素较大地制约影响着体育教学目标，在特殊社会背景下往往还会产生代偿性目标。相较于其他学科教学目标，体育教学目标有着更为明显的多元性。

（四）授课活动的复杂性

为实现教学有效性的提升，体育教师课堂教学应符合体育教育教学的规律。教师既要组织得当有序，又要对学生的运动负荷进行调控；既要重视言传指导，又要对学生进行动作示范；既要拥有一定的教学素养，又要对运动技能熟练掌握。体育教师的教授并非单纯的体力活动，更属于一种智力活动。

体育教师既是活动的组织者，也是知识技术的传授者。体育授课活动并非人们想得那么简单，相较于理论学科的授课活动，更具复杂性。

（五）内容编制的制约性

体育教学内容不仅包括体育理论知识内容，还有身体锻炼内容和体育运动项目内容，各内容在教学中所占比重的多少，都受到体育教学目标和教学时间的制约。另外，虽然体育教学内容中有些运动内容之间逻辑性不是很强，但这些内容也不能随意编制，不仅要考虑内容的功能与价值，还要考虑学生的身心特点，更要切合当地和本校的实际情况。

（六）环境管理的重要性

绝大多数情况下，体育教学都在体育场馆或者室外进行，而上述场地受场地环境影响较大。尤其是户外环境，时刻受到气候、季节的影响。除此之外，由于体育活动中学生具有流动性的特点，因而开放性的教学环境管理要更为复杂。教学的有效性、健康性、安全性，都要求教师对教学环境的管理应给予更多重视。

三、体育教学的任务

（一）学习掌握体育的基础知识

让学生对科学锻炼身体的方法和身体锻炼的基本原理进行了解、掌握，从而与终身锻炼的身体需要相适应；让学生学会基本实用的身体锻炼技能，并学会运用这些技能；让学生理解教育中体育的作用、地位，理解体育的任务、目标。

（二）发展学生良好的思想品德

提高学生对体育的认识，培养其参加体育锻炼的习惯与兴趣；陶冶学生美的情操；因势利导，全面地发展学生个性，使之与生活需要、社会需求相适应；培养学生勇于创造、顽强勇敢的精神；培养学生朝气蓬勃、团结协作、遵守纪律的道德作风。

（三）全面发展学生的身体

根据学生的年龄特点，有计划地进行各项体育教学的内容，促进学生身体的正常生长发育，提高学生的生理功能。

上述三项体育教学任务是统一的整体，它是通过体育的实践活动和理论讲授完成的。这三项体育教学任务，必须协调一致，全面贯彻，不可偏废。但在具体教学中，根据课程的具体任务、教学要求和教材特点，教学任务也可以有所侧重。

四、体育教学的任务完成

想要在体育课堂上圆满地完成体育课的目的和任务，教师就不能一味沿用传统的教学方式。因为传统的教学方式很难完成教材、教学大纲对学生的要求。

从时间角度来看，每堂课的时长都是有限的，如果在短时间内大量地向学生传授知识技术，而未能让学生对其充分消化、掌握，便难以实现技术、知识的传授向有效课堂质量的转化。

由于教师的语言、体态、动作表达的差异，以及动作的特殊方面和动作的难度，教师在对某些动作进行教学时，学生很难仅通过听觉、视觉对动作的全过程进行完整而准确的了解，这就使课堂教学目标的实现变得更加困难。

立足动作与语言结合，在体育课上，有很多动作都是教师在示范的同时对其加以解说。如果这些动作是慢速的，或者是能够被分解的，那么这种"示范＋解说"的方法是可行的；如果这些动作是快速的、需要连贯进行方能完成的，那么这种"示范＋解说"的方法就不太合适了。

受到环境、视角、队形、场地的影响，在体育课上对某一动作进行教学时，很可能要在不同方向、不同地点进行反复、多次的讲解与示范，方能让每一名学生都能听清、看清动作的要领和做法，而这种方法会造成教学时间的浪费，无形中会使学生的练习时间减少，使教师的工作量增加。

为解决上述问题，体育教师们通过努力地探索，总结出来许多行之有效的方法。伴随各学科中电化教学越来越广泛的应用与推广，凭借自身易被接受、信息量大、图文并茂、直观生动、省时快速的特点，此教学方法也被体育教师使用。在体育理论课室内教学过程中，电化教学并未沿用传统的教师在讲台上讲、学生在讲台下听的方式，而是通过各种电教手段（如录像、投影、幻灯等）紧紧吸引学生，使其徜徉于所学内容之中。对于一些连贯动作，教师无法通过停顿、分解的示范方式进行教学，却能在课堂上通过定格画面、处理画面，对动作进行分解，自然而然地向学生解说。例如，在对跳跃练习中起跳后的腾空动作进行教学时，教师可以播放幻灯、录像、电影，通过定格、慢放的技术手段，将腾空动作清晰呈现在学生面前。可以说，电教手段为教师对动作重难点的讲解提供了极大的帮助。

除此之外，通过字幕和解说，体育教师无须再耗费大量的时间板书，可以讲授更多的教学内容，学生也大大节约了阅读和等待的时间，从而实现授课质量的提升。

在体育理论课堂上进行电化教学，有助于学生学习积极性的提升，能够使学生集中注意力，也有助于教师管理、组织学生。因为在应用电化教学时，教师会提前制作好教学内容，因此能够有效避免在做示范动作时可能出现的失败，也能解决教师需要对要领、动作一遍遍重复的问题。学生能够在最短时间内，了解到最完整、最标准的动作，习得最简练的技术要领，将系统、逼真、完整、真实的表象认识过程建立起来，减少乃至不产生错误的动力定形。

复习课的主要教学内容是让学生巩固掌握、练习改进已经学习过的动作。在复习课上运用电教手段，能够进一步深化学生对技术动作的理解与认识，同时将学生的感性认识上升为理性认识。教师不仅能够逐一定格学生所学的动作，让学生有针对性地对照动作进行练习，还能够播放录像、录音，让学生集体练习、复习。如此一来，一方面能够让学生所学的知识进行巩固，另一方面也培养了学生协同一致的良好习惯，有助于发扬集体主义精神。

在综合课上，如果教师在教学过程中采用"分组轮换"的形式，就能够集中精力对参加新授内容学习的一组进行辅导，让另一组需要复习的学生在电化教学的情境中自我学习，从而提高教学效率、保障教学成效。

除此之外，有些动作具有一定难度，在教学过程中，教师难以亲自对这些动作进行示范。当学生对动作的空间概念（如运动轨迹、方位距离等）感到疑惑时，教师就可以使用电教方式为学生答疑解惑。同时，教师对电化教学进行运用，也有利于更好地整理数据资料。

在体育课上合理而正确地运用电化教学，使之达到更好的成效，体育教师应当做到以下几点：

第一，在对电化教学手段、电教设备进行选择时，要充分考虑时间分配、教学程序、组织形式、场地器材、授课环节、课程类型、学生情况、教学内容等条件。

第二，教师必须对电教设备的实际操作、使用方法及性能非常熟悉，以此为基础对电教内容和使用时间进行选择。

第三，教师可以对几名学生进行培养，使之能够对电教设备进行操作，让其成为自己的教学助手。如此，当在课堂上进行分组轮换时，无须教师帮助，学生就能自行组织练习。

第四，课前要教育学生爱护公共财物，爱护电教设备，遵守课堂纪律，保证课堂秩序。

第五，要充分利用电化教学的声音、画面、解说等手段对学生进行思想品德方面的教育，提高学生积极性，培养良好的自我锻炼习惯，使学生身心得到全面发展。

五、体育教学的原则

（一）自觉积极性原则

所谓自觉积极性原则，就是教师充分发挥主导作用，对学生学习的积极性、自觉性进行调动，进而使学生的主体作用得到充分发挥，对学生的创造性、主动性进行培养，让学生自觉自愿地认真完成学习任务。

学生的"学"与教师的"教"这一双边活动过程的教学规律，是体育教学过程中自觉积极性原则实施的依据。在体育教学过程中，教师与学生之间的关系属于一对基本矛盾，而教师则是矛盾的主导方面。由于教师的身份是教育者，拥有丰富的体育经验，掌握着丰富的体育技术与知识，所以能对学生的学习需要予以满足。在对教学计划实施的过程中，起主导作用的是教师的"教"，这一点从教师对教学过程的控制和调节中，以及从教师对计划的制订与执行中都能体现出来。学生既是教学的对象，同时也是学习的主体，是技术、知识的接受者。然而，学生学习的积极性、自觉性并非完全自发，而是需要教师进行控制、调节、传授和指导。相对应的，当学生有了练习、学习的积极性、自觉性，能够主动自我控制、自我调节，且一致于教师的控制与调节，方能确保实现预定教学目标。因此，在体育教学过程中，要将学生学习的积极性、自觉性和教师的主导作用有机结合，对于教学质量的提升来说，这可谓是根本条件。对自觉积极性原则进行贯彻与运用，要做到以下几点：

1. 熟悉学生、了解学生

教师必须对所教学生的基本情况和特点有所了解和熟悉。体育教师要了解学生擅长什么、需要什么、爱好什么，在体育学习与锻炼过程中存在何种不足、面临何种困难等。唯有了解学生、熟悉学生，教师才能完成好体育教学工作。然而，想要真正对学生有所了解与熟悉，并不是一件简单的事。教师对学生的了解不能仅仅停留于表面，要做到"知人知面又知心"。在师生关系中，教师属于主导者，如果教师不主动地关心学生、了解学生，那么学生就会对教师感到陌生，难以真正信赖教师，那么师生间就不可能有"知心"关系。教师要认识到，想要对学生的自觉性、积极性进行调动，就必须以"知人知面又知心"为基础。

2. 发挥教师的主导作用

如前所述，学生的积极性、自觉性并非全然自发，因此，想要对学生的积极性、自觉性进行调动，必须充分发挥教师的主导作用。教师的主导作用一方面表现于教学中，如教师通过多种手段（组织教学、示范教学、讲解教学等）对学生进行引导，使其在所学内容上集中注意力；另一方面表现为将一种良好的条件创造出来，并提供给学生，对学生的积极性、自觉性进行充分调动。

3. 建立情感融洽、平等民主的师生关系

在体育教学过程中，教师要做到"为人师表"，真正完成教书育人的任务。一方面，教师要对学生严格要求；另一方面，教师也要投入一腔热情，信任学生、关心学生、爱护学生，形成和谐融洽的师生关系，与学生之间有息息相通的感情。这种良好师生关系的建立，对学生能动地参与体育教学是大有裨益的。

4. 注重对学生学习内在动力的培养

学生学习的内在动力是一种内驱力，能对学生进行鼓舞与推动。教师要实现教学启发性、艺术性的不断提升，对学生正确的学习兴趣、学习动机加以培养。一切行为都应以"动机"为前提，动机是推动学生锻炼、学习的心理依据。教师唯有帮助学生形成正确动机，才能使其主体作用得到充分发挥。

5. 培养学生自评、自练、自学能力

自评、自练和自学能力，是培养学生终身体育锻炼意识以及日常体育锻炼习惯的重要基础。教师要充分发挥自身主导作用，培养学生自评、自练、自学能力，并使之得以发展。教师要创设良好的外部环境，懂得适时放手，让学生主动地、自主地、独立地学习与锻炼。

（二）直观性原则

所谓直观性原则，指的是在体育教学中，体育教师要对各种直观方式进行充分利用，让学生立足积累的经验，依靠各种感觉器官对事物进行感知，对学生的思维能力和观察能力加以培养，让学生得到感性认识和直接经验，为更好地掌握体育技能、技术、知识打下坚实基础。

辩证唯物主义的认识规律是直观性原则的确定依据。认识规律与客观实际的辩证途径，就是从生动的直观到抽象的思维，再到具体实践。一切知识都源于人的身体感官对客观外界的感觉。在体育教学的过程中，学生想要了解、掌握体育的技能、技术与知识，首先要对感性认识进行建立。教师要让学生对所学的动作进行感知，并以此为基础，将正确的、完整的动作形象与概念建立起来，为学生对体育的技术、技能、知识的掌握夯实基础。想要对直观性原则进行贯彻与运用，需要做到以下几点：

1. 综合运用身体的感觉器官，扩大直观效果

在体育教学中，除了能够依靠听觉、视觉对动作要领、结构、形象进行感知外，还要能够通过肌肉的本体感觉、触觉感知完成动作时肌肉用力的程度，以及时间、空间的关系等，对直观教学的效果进行扩大。

2. 充分发挥教师自身对学生的直观作用

对于学生来说，教师自身的一切活动都是其观察的目标，尤其是教师的语言表达、动作示范等，都能帮助他们直观地习得技能、技术、知识。学生大多有着很强的模仿能力，因而教师必须强化自身修养，实现运动技术水平和体育理论水平的提升，对动作技术的规范性、准确性予以重视。

3. 对多种直观手段和教具进行充分运用

教师要利用各种现代化教学手段与教学媒介，如电影、录音、录像、幻灯、模型、图片等，从而让直观教学的作用得到更大发挥。

4. 善于激发学生积极思维的能力和引导学生观察

直观性原则就是教师引导学生对运动动作形象的直接观察。在教师的指导下，学生通过比较、分析，清楚地知道其已经学过的身体练习和正在学习的身体练习之间存在何种联系，从而对运动动作的技术结构进行辨别，明确动作技术的关键所在，认识到错误动作与正确动作的区别，最终将运动动作的正确表象形成。此外，教师还要避免学生出现单纯形式的模仿以及一般化的观察。

（三）因材施教原则

所谓因材施教原则，指的是在体育教学过程中，体育教师既要面向全体学生提出统一要求，又要认识到不同班级、不同学生存在的差异，对其进行个性化教学。体育教师要将个别指导与集体教学相结合，确保充分发展所有学生的特长与才能。

学生个体发展有着不平衡性，同时其身心发展需要遵循相应的客观规律，而这都是因材施教原则的确定规律。同一年龄组、同一年级的学生，在身心发展规律上表现出共同之处，所以体育教学可以对其提出统一要求；但是，同一年龄组、同一年级的学生，在身心发展方面也存在不平衡性，有着不容忽视的个体差异，如在运动项目专长、兴趣爱好、运动能力、身体素质、身体形态等方面，学生与学生之间总是存在区别的。因此，基于这些不同之处，教师要做到有针对

性地开展教学，坚持因材施教。想要对因材施教原则进行贯彻与运用，需要做到以下几点：

1. 深入了解学生的个体特点与一般情况

对学生个体特点和一般情况做深入了解，是实施因材施教原则的基础。教师要通过调查研究，对班上学生的身体发展、体育基础、健康状况、思想品德、兴趣爱好、体育认识等各方面情况有全面的了解，要将学生具有的共同点和存在的差异了然于心，从而采用不同的方法，实现因材施教。

2. 兼顾两头、面向全体

体育教师所确定的教学要求、目标以及所制订的教学计划，不能如同天上月亮般遥不可及，应当是大多数学生勤学苦练后可以完成的。同时，体育教师还应当兼顾两头，对"吃不了"和"吃不饱"的矛盾进行解决。对于那些有较好的体育才能和身体素质的学生，教师要为其创造条件，使之具有更多机会参与课余体育训练，尽可能地提高他们的专项成绩；而对于那些有着身体素质较差的学生，教师也不能忽略，要对其耐心帮助、关心爱护，从而使其在原有基础上一点一滴地实现水平提升，力争达到教学目标的要求。

3. 从客观条件的实际出发

在体育教学活动中对因材施教原则进行贯彻和运用，同时，不能无视学校的客观条件。体育教学受到不同场地、不同器材设备条件、不同季节、不同地区的制约。教师在对教学目标进行制定时，既要考虑组织教法、学生的特点，也要对上述客观条件充分考虑，如此方能真正落实因材施教。

（四）身体全面发展原则

所谓身体全面发展原则，指的是在体育教学过程中，体育教师要全面多样地选择、安排教材内容，从而使学生的基本活动能力，各种身体素质以及身体各个部位、器官系统的机能获得全面发展。

在体育教学过程中，教师不但要采用多种有效的教学手段，而且要对不同性质的、多种多样的教学内容加以选择。这有助于协调发展学生身体各个器官系统的机能，有助于全面锻炼学生的身体，也有助于其正确身体姿势的养成。如果长期让学生进行局部锻炼、单一锻炼，那么将很难获得理想的锻炼效果，不利于学生的身体健康。我们要认识到，人体是统一的、完整的有机体，人体基本活动能力、各种身体素质以及各器官系统的机能都是相互促进、相互联系又相互制约的，某一方面的发展，会对其他方面的发展与提高产生影响。所以，唯有以身体全面锻炼为基础，方能对学生的全面协调发展予以促进。对身体全面发展原则进行贯彻与运用，需要做到以下几点：

1. 对教学大纲（或课程标准）提出的目标与要求进行全面贯彻

体育教师要对国家教委颁布的体育教学大纲（或课程标准）的精神进行认真学习，全面贯彻其提出的要求、目标。同时，体育教师在制订全年教学工作计划、教学进度时，也要注重合理搭配考核项目和各类教材，确保学生能够全面锻炼身体。

2. 在课堂教学全过程贯彻落实身体全面发展原则

教师要全面多样地准备教学内容，合理、科学地搭配基本教材。采取以下方案是较为理想的：准备部分主要是活动全身各部位韧带、关节与肌肉，充分伸展身体各部位，为接下来的学习打好基础；基本部分要同时包括上肢、下肢的练习，从而全面、协调地发展、锻炼学生身体；结束部分要让学生做好放松活动，同时还要将课外体育作业布置给学生，有组织地结束该节课程。

3. 对学生单纯从兴趣出发的倾向加以纠正

在体育教学中，体育教师应对学生的学习兴趣进行激发，让他们发自内心地想要上好体育课。古语有云，"知之者不如好知者，好之者不如乐之者"，讲的就是这个道理。当然，体育教师也要注意区分"单纯从兴趣出发"和"对学生的兴趣进行激发"，不能将其混为一谈。所谓"单纯从兴趣出发"，指的是将学生的兴趣作为教学中心，学生喜好什么运动，体育教师就对该运动进行教学，甚至偏离体育教学大纲，全然不顾全面锻炼原则。实际上，这种做法是对学生兴趣的片面迁就，如果长期在体育教学中这样做，最终会带来不良后果。教师要真正激发学生的兴趣，善于引导，让学生对体育课有正确的、科学的认知，真正自觉自愿地学习体育知识、技能与技术。

（五）合理安排生理负荷和心理负荷原则

负荷涉及两方面，分别为心理负荷与生理负荷。所谓"合理安排生理负荷和心理负荷原则"，指的是在体育教学过程中，体育教师要适当地让学生承受心理负荷、生理负荷,合理地交替练习与休息,促进学生全面而协调地发展身心。

在体育教学中,学生的心理负荷和生理负荷有一定的变化规律,而这也是合理安排负荷的基本依据。立足生理负荷的变化规律,唯有在适当的生理负荷的刺激下,方能改善和提高人体功能。所以,在一定限度内,生理负荷越大,越能获得更好的超量恢复的效果,越能适应更大的变化。同时,体育教师也要认识到,假如生理刺激超过了一定强度,就会损害学生的生理机能。而如果生理刺激强度不足,那么也无法促进生理机能的发展。

对合理安排负荷原则进行贯彻与运用,需要遵循以下几点:

1. 对授课内容进行合理安排

由于不同学生有着不同的健康状况、年龄与性别,因而体育教师要有所区分地、有针对性地对授课内容所涉及的生理负荷进行安排。除此之外,体育教师在安排生理负荷时,还要全面考虑作业场所的环境条件,学生所在地区的气候因素,学生的其他体力活动负担、营养条件、生活制度等等。

2. 对生理负荷的强度与量之间的关系进行正确处理

体育教师要正确处理生理负荷的强度与量之间的关系,实现负荷强度与负荷量的相互配合,以及强度和量的逐渐合理增加。在体育教学过程中,往往是先对负荷量进行增加,等学生对其适应后,再对负荷强度进行增加。体育教师要注意,在对负荷量进行增加时,需要适当降低负荷强度;而在增加负荷强度时,要适当减少负荷量,如此,方能真正让学生逐步提高自身对负荷的承担能力。

3. 正确处理生理负荷的内部数据与表面数据之间的关系

表面数据,指的是运动动作练习的强度与练习量,而内部数据指的是负荷强度与负荷量引起的一系列生理变化。一般情况下,生理负荷的内部数据应与表面数据一致。然而,由于不同学生有着不同的体质和不同的身体训练水平,所以当同一负荷的表面数据作用于不同学生时,产生的内部数据也是不同的。所以,体育教师在对生理负荷进行分析时,要结合内部数据与表面数据,更准确地进行评价、判断。

4. 安排好心理负荷

体育教师在对学生的心理负荷进行安排时,一方面要联系教学进程,另一方面要配合生理负荷,从而使心理负荷具有鲜明的节奏。

5. 对休息的方式和时间进行科学安排

体育教师要从心理负荷和生理负荷的特点出发，对学生休息的时间与方式进行科学安排，从而获得理想的教学效果。

6. 做好生理负荷和心理负荷的测量与分析工作

在对体育课质量进行评价时，体育教师要同时安排心理负荷与生理负荷的测量，从而从心理、生理两方面完成客观而全面的评价。

（六）循序渐进原则

所谓循序渐进原则，指的是教学方法、教学内容以及负荷的安排要按一定的顺序进行。体育教师必须贯彻落实连贯性、系统性的要求，使教学方法、教学内容以及负荷的安排与学生的性别、年龄特征相符，从而使学生得以依照一定客观规律的顺序，一步一步地实现发展与提升。

技术与知识的连贯性和系统性、动作技能形成的规律以及人们认识事物的规律，都是体育教师确定循序渐进原则的依据。在体育教学中，体育教师必须由已知到未知、由浅入深、由易到难地逐步向学生传授知识，方能使其更好地对体育的技能、技术、知识进行掌握。想要贯彻与运用循序渐进原则，需要做到以下几点：

1. 提升教师素养

教师要不断地提升自身文化素养，对学生身心发展的特点与一般规律进行深刻了解，还要了解各类教材之间的关系以及各类教材本身的系统性。

2. 制订好教学计划

教师要对可行的教学工作计划加以制订，确保连贯而系统地开展教学工作。在对教学计划文件进行制订时，教师要确保每学期的教学内容和教法、每次课的内容、每项运动项目都做到前后衔接，并呈循序渐进地提高。

3. 安排好教学内容

在对教学内容进行安排时，教师一方面要考虑到运动项目的顺序，做到由浅入深、由易到难；另一方面要考虑该运动项目与其他运动项目之间的关系，依照循序渐进的要求，安排好运动项目的先后顺序，让学生在学习完前一个运动项目后，能够打好基础，更好地学习后一个运动项目。

4. 有节奏地逐步提高生理负荷

由于机体需要一定时间才能适应某种生理负荷，因而在体育课中安排生理负荷时，体育教师要做到有节奏地逐步提高。在一学期或者一学年内，教师要有节奏地让不同负荷的体育课交替进行。应当在前次课后的超量恢复水平之上安排后次课的生理负荷。从总体来看，生理负荷应当呈现逐渐提高的趋势。

（七）巩固提高原则

所谓巩固提高原则，指的是在体育教学中，体育教师要让学生在牢固掌握所学的体育技能、基本技术和基础知识的基础上，不断增强自身的体质、发展自身的体能。

运动条件反射建立与消退的生理规律，是巩固提高原则的依据。唯有不断反复练习，方能让学生真正掌握、巩固乃至提升动作技能与技术。通过反复练习，运动条件反射会不断建立、巩固，同时将动力定型在大脑皮层中建立起来。然而，建立动力定型后，并不意味练习的终止，学生必须继续练习、继续强化，进一步完善、巩固动力定型，不然即便动力定型已经形成，以后依旧会渐渐消退，导致教学效果不理想。

运用与贯彻巩固提高原则，需要做到以下几点：

1. 反复练习

体育教师应当组织学生经常和反复练习所学的内容，同时也要增加练习密度，不断巩固、反复强化运动条件反射，这也是对巩固提高原则予以贯彻的基本方法。在每堂课上，体育教师都要保证学生进行足够次数的重复练习，保证其具有充足的练习时间。体育教师还要注意，这里说的"反复练习"，绝非简单地、机械地进行重复，必须在学生原有基础上一点点提高要求，不断纠正学生动作中的错误、改正不足，让学生通过反复练习获得进步，如此也能让学生更有干劲，更加积极主动地一遍遍练习。以此为基础，学生就能更好地对自身所学习的体育技能、技术与知识进行巩固与提升。

2. 采用竞赛、测验、提问等多种方式

在对巩固提高原则进行贯彻时，可以采用竞赛、测验、提问等方式，这些都是行之有效的手段。体育教师要注意，在运用这些手段时，要从课程要求、课程目标出发。体育教师要保证提问的启发性、测验的有效性。同时，体育教师也可以采用竞赛手段，在复杂多变的竞赛条件下观察学生，看其是否能对自身所学的体育技能、技术、知识进行熟练运用。

3. 改变练习条件

对于体育基本技术、技能的巩固提升而言，练习条件的改变能够发挥良好的作用。所谓改变练习条件，指的是改变环境条件、动作结构、练习器材、练习场地等。例如，将斜坡跑改为平地跑，对动作组合和器械重量进行改变，等等。

4. 课内外结合

在课堂教学的基础上，教师可以布置一定的家庭体育作业或者课外体育作业，紧密结合课内教学与课外教学，从而使学生达到对学习内容的巩固和动作技巧的提升的目的。

5. 培养进取动力

教师要不断提出新的目标，从而实现对学生的进取动力与兴趣的培育。

上述体育原则构成了完整的体系，在体育教学过程中，体育教师要对其进行正确而全面的贯彻落实，使其相互补充、相互练习。我们也要认识到，体育教学原则虽然在一定时期内是相对稳定的，但并非静止的，而是不断发展的。随着人们不断深化对体育规律的认识，体育教学原则也必将持续发展、愈发充实。

六、体育教学目标及相关概念

（一）体育教学目标与其相关术语之间的关系

体育教育领域中，有很多相关于体育教学目标的术语，例如"体育教学任务""体育教学目的"等，人们常常将这些相近的术语混为一谈，实际上，它们之间既有差别，又有联系。那么，"体育教学目的"与"体育教学目标""体育教学任务"之间到底有着何种关系？

1. 体育教学目的、体育教学目标、体育教学任务的含义

（1）体育教学目的

体育教学目的指的是设立体育学科、实施体育教学的初衷与意图。体育教学目的也是一种指导思想，贯穿体育教学的全过程，是对体育教学的总体性、概括性要求，是对体育教学的进展方向的把握。

（2）体育教学目标

体育教学目标是师生努力的方向和预期获取的成果，简单来说，就是在各个阶段要达成什么以及最后要达成什么。体育教学目标是人们在行动过程中设立的各阶段预期成果以及最后的预期成果，旨在达到体育教学的某个目的。

（3）体育教学任务

体育教学任务是体育教师接受指派的工作，也就是按照教育教学目标的要求完成相应的职责，体育教学任务是为实现体育教学目标、完成体育教学目的所必须做的一项活动。

2.体育教学目标、体育教学目的、体育教学任务三者之间的关系

体育教学任务、体育教学目的、体育教学目标之间有着以下关系：

第一，最终的体育教学目标是各阶段体育教学目标的总和，各阶段目标的完成有赖于各阶段教学任务的顺利进行。

第二，体育教学目的实现的标志，就是最终的体育教学目标的完成。

第三，体育教学任务是为完成体育教学目标、达到体育教学目的而应承担的责任与实际工作。

3.体育教学目标与体育教学目的

一般来说，人们很容易将体育教学目标与体育教学目的混为一谈。在现代汉语中，"目的"指的是想要得到的结果或想要达到的境地。基于此，我们可以将体育教学目的理解为体育教学活动预期达到的结果，其规定教学活动的标准要求与方向。因为在汉语词汇中，"目标"与"目的"两个词语在本质上没有区分，所以人们常常认为体育教学目标与体育教学目的是一样的。

实际上，体育教学目标与体育教学目的既联系密切，又有明显区别。体育教学目标在性质、方向上与体育教学目的相一致，都是教学活动预期达到的效果，不过，前者是后者的具体化。二者主要有着以下区别：

首先，体育教学目标与体育教学目的之间是特殊与一般的关系，前者是对体育教学活动提出的具体要求，仅仅指导、规范着特定范围、特定阶段的体育教学活动，如某一单元、某一课时的教学活动；后者则对体育教学活动有普遍的指导意义，是对其提出的总体要求；其次，前者有一定的灵活性，而后者则更具稳定性，体育教学目的体现了社会的意志和客观要求，特别是体育教学目的是以指令

性形式表现出来的；而体育教学目标则较多地体现了体育教学活动的主体要求，有一定的自主性，体育教师可以根据教学的具体情况予以制定、调整，有一定的灵活性。

对于整个体育教学活动来说，体育教学目标有着统贯全局的作用。体育教学目标对教育思想进行反映，同时也反映着对教学过程、规律等客观性教学要求的看法。一旦确定体育教学目标，其他主观性教学要求就会受到影响，如教学原则、方法、计划、内容及其他教学行为等都会受到体育教学目标的影响。同时，人们从体育教学行为中获得的体验、积累的经验，也会反过来促使他们再次思索教学目标，或是进一步深入理解体育教学目标，或是在一定幅度上对体育教学目标进行调整。

4. 体育教学目标与体育教学任务

体育教学任务指的是为实现体育教学目标、完成体育教学目的所必须做的工作。尽管体育教学任务与体育教学目标处于同一范畴，但是它们之间也有所区分。首先，教师是体育教学任务的主体，而体育教学目标则是以学生为主体、以教师为主导的。其次，体育教学任务较为笼统，无法被分出层次与阶段，而体育教学目标因为在表述时使用具体的行为动词，因而对教学过程有着明确的层次、深度、阶段方面的划分。再次，体育教学任务指的是教师对教学的期望，没有明确规定量与质，难以对其进行测量与观察或评价其结果，而体育教学目标则可以量化、具体化教学任务，能够作为评价的依据，可被测量、观察。最后，通常来说，教师需要明白自己承担何种体育教学任务，而学生则不必了解，但是无论是学生还是教师，都应明确体育教学目标。对于学生来说，明确教学目标后，可以以此为依据完成自我学习、自我检测，某种意义上也有助于自身学习兴趣的增强和学习主动性的提升。

（二）制定体育教学目标的依据

1. 对学生的研究

教育是一种改变人行为方式的过程。这个"行为"是从广义角度而言的，它既包括外显的行动，又包括思维和感情。要使体育教育达到预定的目标，就必须对学生进行各方面的研究。

（1）学生身心发展的规律

学生是体育课程的主体。遵循学生的个性发展、意志发展、情感发展、认知发展，是体育教育选择教学训练方法手段，明确组织形式、内容安排、工作要求的前提。学生心理的发展主要包括个性发展、意志发展、情感发展、认知发展几方面；学生生理的发展主要包括素质发展、机能发育和身体形态发育几方面。学生年龄不同，就会有着不同的身心发展特点。体育教育工作的开展必须与学生身心发展特点相结合，否则就无法具有针对性，难以达成预先制定的目标。

所以，体育课程目标的制定，应以学生的身心发展为心理依据和生理依据。唯有对学生身心发展的特点有充分的认识，方能制定出科学的体育课程目标，对实践进行指导。

（2）学生全面发展需要

教育学的核心问题之一，就是教学与发展之间的关系问题。这一问题与教育学的其他重大问题有着一定联系。现代课程以客观真理和科学为核心与支柱，而对科学真理的绝对服从与对原理结论的被动接受减弱了人们的主体意识，也使得人们迷失了人生目标，甚至导致被书本知识控制、主宰的"异化"现象产生。人们鲜少有时间对课程中精神提升的意蕴、人性发展的内涵进行探寻，也鲜少将课程同人的生命历程、精神解放联系在一起。立足这种情况，教育学提倡从哲学角度探讨人生目标、人的主体，能够对课程研究有很大的帮助，使之步入新境界。所以，课程研究要将人的生命和发展作为出发点，要以人的发展为依据、准绳，安排知识内容。

所谓"发展"，指的主要是人的发展。从古至今，教育学、人类学、社会学、心理学、哲学等众多学科都关注人的发展问题，并将其作为自身研究的重要课题。在教育学中，人的发展被视为个体的人的天赋特性及其后天所得到的全部质变、量变的复杂过程，也就是说，一个生物性的个体逐渐成为有着无限创造能力的社会成员，其中涉及劳动技能、审美、品德、智力、身体等方面的形成与发展。

在教育学中研究、讨论的人的发展，包含个体的社会发展与自然发展。人的社会发展与自然发展之间关系密切，二者相辅相成。因此，学生的个体发展，从本质上看，是基于社会教育过程，人的身体和心理在不同社会因素和自然成长因素影响下的综合发展。这也阐明了为何在同样教育环境下不同学生个体会呈现出不同发展水平、拥有不同学习能力。学生是体育课程的主体，不管其是否接受过体育课程的教育，都会在社会因素与自然成长因素的综合影响下逐渐成长、发展。那么，体育课程在学生成长、发展过程中，到底有什么作用呢？它的作用体现在体育教师通过体育的手段鼓励学生、引导学生、教育学生，让学生得以更加健康地成长与发展，最终满足社会对人才的需求。体育课程需要承担的任务是对不断发展中的人进行塑造与培养，因此，体育课程的主体是"发展人"。教育是人类对自身发展进行有意识的促进，而人的发展概念中包括社会因素和生物因素，所以，体育课程的根本任务是根据社会因素与生物因素，促进学生的健康发展。

因为人在学校教育以外的社会因素和生物因素下依旧能够不断发展，所以围绕主体进行的体育课程要着眼于人的发展与自我完善。在体育课程的任何阶段，当考虑其目标和计划时，都必须遵循人的发展基本规律来设计、制定并实施。无论是群体的人，还是个体的人，其发展的规律和状况都应该成为制定体育课程目标和计划的基本依据。

2. 对社会的研究

对社会的研究，主要指的是对社会的需要进行研究，而所谓"社会的需要"，便是社会生产力、文化、科学、政治、经济的发展水平对体育课程提出的要求，其集中表现在社会对人才的质量规格的要求上。现如今，国际竞争愈发激烈，世界各国都面临着新技术革命的挑战。而世界范围内的综合国力竞争和经济竞争在某种意义上也是人才的竞争和科技的竞争，而从本质来看，则是教育的竞争。当前，我国现代化建设和改革开放已经向新世纪迈进，新的形势对人才有新的要求，我国体育课程要立足于此，结合现阶段实际情况，如我国给体育教育提供的工作经费、器材设备、场地、合格体育师资的质量与数量、必要条件等。

在研究社会需求时，我们也要重视社会文化传承的需要。文化的传承，不仅仅是静态的保留、积累与传递，也是动态地、选择性地对传统文化的精髓进行汲取与转化，使之成为与时代相适应的有用之物，继而进一步加以传扬的过程。

教育是个人发展和社会生活延续的手段，就其本质而言，它乃是实现人类文化传承的最主要手段。同理，体育教育是体育文化传承的主要手段，而体育教育的核心就是体育课程。体育课程的文化传承功能主要体现在：首先，体育本身就是一种文化现象，学习体育课程就是接受体育文化熏陶。体育作为一种国际社会文化现象由来已久，现代体育的产生和发展与近代文化发展史息息相关。通过学习体育课程，人们能够接触并了解一定的社会文化。其次，体育课程还是体育文化传承的媒介，学习体育课程为传承体育文化提供了捷径。学习体育课程的一大好处就是能为学习者打开认识体育文化的大门。体育课程本身的功能特点也有利于体育文化的传承。现代体育课程的结构丰富了体育文化的传承途径选择，学校体育教学中的显露课程、隐蔽课程、社会课程与体育文化的传承互为补充。

3.对学科的研究

学校课程设置的目的归根结底是要将知识传授给学生，而这些知识是学生通过其他社会经验难以获得的。知识以"学科"为最主要的支柱。因为体育课程专家对体育课程的发展趋势、探究方式、逻辑结构、基本概念，以及体育学科与相关学科之间的联系、体育学科的一般功能等都了如指掌，因此，对于体育课程目标的制订来说，体育课程专家的建议即是一项主要依据。

对于课程目标的制定而言，体育课程的功能就是一种重要信息，反映着体育课程的内部特性。同时，在实施体育课程的过程中，体育课程的功能就是学生接受体育教育后所获得的结果。迄今为止，体育课程已经演变出了多元化的功能，如竞技功能、娱乐功能、美育功能、群育功能、情感发展功能、启智功能、教育功能、健身功能等。

（三）体育课程目标的层次结构

1.体育课程目标的纵向层次

体育课程目标在垂直向度上，具有层次性、线性、累积性的特点，包含了一般性的至特殊性的、切近的至高远的、现实的至理想的一系列目标。有的学者认为，根据课程目标的上下层次关系，可以依次将课程目标区分为以下不同的层次：课程的总体目标——教育目的；课程的总体目标的具体化——培养目标；学科领域的课程目标；学科领域的课程目标的具体化——教学目标。有学者认为，体育课程目标的层次可分为体育课程的总目标、体育课程的学习领域目标、体育课程的水平目标和体育教学目标。体育课程目标如此按层级排列，像一个金字塔。顶层目标是抽象的、整体的、普遍性的目标。底层目标是具体的、分化的、特殊的课程目标，数目繁多，底层目标逐步达成之后，课程总目标也就得以达成。

（1）体育课程的总目标

体育课程的总目标面向某个教育阶段的全体学生，如义务教育、普通高中、高等教育等，是特定教育阶段大多数学生通过自己的努力都能够达成的体育学习目标。如我国全日制义务教育《体育与健康课程标准（2011年版）》的体育课程目标是："体育与健康课程对于实施素质教育，培养学生的爱国主义、集体主义精神，促进学生德、智、体、美全面发展具有重要的意义。通过课程的学习，学生将掌握体育与健康的基础知识、基本技能与方法，增强体能；学会学习和锻炼，发展体育与健康实践和创新能力；体验运动的乐趣和成功，养成体育锻炼的习惯；发展良好的心理品质、合作与交往能力；提高自觉维护健康的意识，基本形成健康的生活方式和积极进取、乐观开朗的人生态度。"

（2）体育课程的学习方面目标

学习方面是指在体育课程中，按学习内容性质的不同划分的学习范畴。学习方面目标是指期望各个学习方面达到的相应水平。我国全日制义务教育《体育与健康课程标准（2011年版）》改变了传统的按运动项目划分课程内容和安排教学时数的框架，根据三维健康观、体育自身的特点以及国际上体育课程发展的趋势，拓宽了课程学习的内容，将课程学习内容划分为运动参与、运动技能、身体健康、心理健康和社会适应等五个学习方面，并根据学习方面目标构建课程的内容体系。

（3）体育课程的水平目标

体育课程的水平目标是指不同年龄（学段）学生在各个学习方面中预期达到的相应水平。这是根据学校体育课程目标，对各个学段体育教学结果的不同规定，是各个学段都必须指向的、各自必须完成的目标，体现了根据不同年龄学生身心发展的特点实施体育课程的理念，其目的是为了在一定的阶段内，更好地加大教材内容的弹性，以满足学生、学校的不同特点、条件及实际需要。学段教学目标应体现不同学习阶段体育教学不同的侧重点，因此不同学段的教学目标应既相对独立，又各具特色。同时各学段之间的教学目标又是彼此衔接、相互协调的整体。新中国成立以来，我国传统体育教学大纲中对学段的划分基本上采用的是小学、初中、高中、大学四段法。新的课程标准则把小学阶段进一步划分为三个水平：

水平一（一年级至二年级）、水平二（三年级至四年级）、水平三（五年级至六年级）。初中、高中各自为一个学段，相应把初中、高中划分水平四、水平五和水平六（只对少数体育发展特长和爱好的学生）。每个水平规定了相应的教学目标，其他学段的学生也可以将高一级水平目标作为本阶段学习的发展性学习目标。这种划分法较前者，更符合学生身心发展的年龄特征，因此目标也更为科学。

（4）体育教学目标

尽管学科领域的课程目标有细化和可操作性的趋势，但仍然是总体性的或阶段性的一般目标。而作为短期的某一教学单元以至某一节体育课，通常称为单元或课的教学目标。实际上它们是学科领域的课程目标的进一步具体化。体育教学目标实际上是体育课程目标的延伸，包含在体育课程目标体系之中，是体育课程目标体系中不可缺少的重要组成部分。体育课程目标尤其是水平目标，是制订体育教学目标的主要依据。课程的教学目标又是单元教学目标的具体化，是最微观层次的课程目标。这一层次的目标通常分析到操作化的程度，往往与具体的情境联系在一起，对体现较抽象的课程目标的结果给予明确的界定，引导教学的展开。

2. 体育课程目标的横向关系

课程目标的横向关系实质上反映了各种目标的区分及其相互关系。"目标领域"是指预期学生学习之后所发生变化的内容的领域。在教育目标这一层次上，我国通常用"德、智、体"或"德、智、体、美、劳"来划分目标领域。我国横向关系上的体育课程目标分类，是就某一层次的所有课程目标，依其领域的异同加以分类，作为体育课程设计和开发的依据，其各目标领域之间没有先后层次关系。在我国全日制义务教育《义务教育体育与健康课程标准（2011年版）》中，课程内容划分为运动参与、运动技能、身体健康、心理健康与社会适应等四个学习方面及目标。有学者将体育课程目标分为：身体发展领域（又分无病、健康两个层次）、认知领域（又分记忆、理解、应用三个层次）、动作技能领域（又分体验、模仿、组合、熟练四个层次）、情感领域（又分接受、兴趣、态度三个层次）。无论怎样划分目标领域，各领域对总的目标来说都应当具备逻辑上的合理性，它们彼此之间在相互关系上虽然可能是并列和平行的，这样可使得课程目标更加具体、清楚和明确，但它们之间必须是一个相互联系的整体，每个方面都不能脱离其他方面而单独实现课程目标。

其实,这些都是基于布卢姆等人的"教育目标分类学"理论、加涅的五种学习结果分类理论、霍恩斯坦的四种领域分类观点,加上促进身体发展这一体育基本功能提出的分类方法。但在现行课程编制中对目标领域与学习水平研究影响最大的是布卢姆等人的教育目标分类学。根据布卢姆的思想,完整的教育目标(课程目标)应当包括三个部分:认知领域、情感领域、动作技能领域;并且在每一个领域都进行了更为详细、由低到高的区分。上述所举的各种课程标准中对于领域目标及水平目标的设置都或多或少地折射出布卢姆的目标分类思想。

第二节 体育教学理论基础

一、认识事物的一般规律

对所有事物的认识过程,大都开始于对现象或事物的感性直觉。人依靠感觉器官,将自己与世界的联系建立起来,获得丰富的感性材料,继而凭借抽象的思维,实现对感性材料的一系列加工制作过程(去粗取精、去伪存真、由此及彼、由表及里),渐渐透过事物的外在,深入触及事物的本质,对事物之间的内在联系进行探索,对事物的发展规律加以揭示,最终形成科学的规律和概念,继而通过实践,对这些规律、概念的真实性加以验证。通过"实践—认识—再实践—再认识"的过程不断循环、不断提高,这便是对事物进行认识的一般规律。

体育教学的过程,是学生对体育技能、体育知识进行学习和掌握的过程,也是认识客观世界的认识过程,它具体体现在教学过程中对教材的感知和理解巩固、运用等几个阶段。知识的掌握是通过对知识的领会、知识的巩固和知识的运用三个彼此相互联系而又相对独立的阶段来实现。具体体现在体育教学中的运动表象的形成,运动概念的掌握,技能的形成、巩固和运用等几个相互紧密联系的阶段。体育教学过程中学生领会与掌握体育知识是以运动表象和运动概念体现的,而体育知识与技能的紧密结合,又是体育教学的一个突出的特点。体育教学中的讲解、示范是帮助学生建立正确的动作形象,而运动技能的形成,一般都是从直接观察动作的具体形象开始，通过观察和实际练习，使具体思维逐步过渡到抽象思维，从而建立动作表象。因此，所感觉的具体形象越丰富，就会更快地建立起动作的清晰概念，以至更迅速地掌握动作技能。

二、体育教学规律的重新思考

体育教学规律的重新思考需要从以下几方面入手：

（一）"人体机能适应性"规律

人体机能适应性规律，包括如下三个阶段：

第一阶段为工作阶段，在这一阶段，人体开始运动，身体对运动负荷进行承受，体内异化作用增强，体内能量储备越来越少。

第二阶段为相对恢复阶段，在这一阶段，人经过休息与调整，能够逐渐恢复体内的能量储备，使之与运动前的水平相接近，甚至达到运动前的水平。

第三阶段为超量恢复阶段，在这一阶段，通过能量的补偿、合理的休息，机体拥有了比原来更强大的恢复功能。这一规律总结自运动训练过程，且必须以以下几个条件为前提：

第一，必须有足够的运动量和运动强度，通过较为强烈地刺激人体，使之产生足够的能量消耗。

第二，要科学安排各运动训练课之间的运动量、运动强度、间歇时间，让运动与人体所受的刺激之间有较好的衔接，从而让人体能够有充足的时间对疲劳进行消除。

第三，必须对运动员进行定量检测，并对每个训练课次的情况进行说明。

然而，在实际的体育教学过程中，往往是很难达到上述运动训练中的各种条件的，原因有以下几方面：

第一，缺乏各种能够对学生进行检测的设备与仪器，教师难以对学生各种心理变化、生理变化指标进行检测。

第二，每节体育课不可能像运动训练那样有着科学化的间歇时间、运动负荷安排。

第三，通常来说，体育教学的运动负荷不会达到学生的极限，因为体育教学旨在发展学生身心健康，帮助其锻炼身体，而非提升专项训练水平。少年儿童心率上升时间既快又短，最高阶段有着较短的延续时间，同时他们对急剧变化的负担量的承受能力也较差，所以在体育教学过程中不应让小学生和初中低年级学生承受过大的生理负担量，不宜使其活动太久。尽管对于青少年来说，他们可以承担更多的运动负荷，能够进行更长时间的体育活动，但同时也应当坚持适度、适量原则。

第四，运动训练的训练计划往往十分周密，而体育课却并非如此。通常来说，学生每周只上 2 到 3 节体育课，而且体育课不是连续的，是间断的。

第五，运动训练属于专项化训练，针对某一项运动集中进行训练，而体育课则有着丰富多样的教学内容，如体操、田径、三大球等，还包括校本课程。

因此，笔者认为，在实际的体育教学过程中，往往是无法达到运动训练中的"超量恢复"的。

综上所述，体育教学中学生"人体机能适应性"规律的确存在，但需要细化为三个基本的规律：一是体育教学中学生人体生理机能活动变化规律，这个规律为制定体育课的目标、各阶段的任务提供依据；二是体育教学与学生身体发展非线性关系的规律，这个规律不存在"运动与身体健康的因果关系"，也不存在人体机能"超量恢复"原理，这是由体育教学的实践特点所决定的；三是体育教学内容对不同学生具有不同的身体刺激规律。

（二）运动技能形成规律

运动技术教学是体育教学的本质之一，它不同于一般的知识教学，必须实施有效的实践与操作。运动技术教学也不同于一般的操作技能，因此我们必须了解运动技能形成的规律。关于运动技能形成的规律，各类教材中涉及较多，其观点也基本趋于一致，因此，笔者以陈述前人观点为主。

有关运动技能形成的阶段划分，在各类教材中基本相同，只是在用词上有些差异，例如，《体育心理学》的描述是：认知定向阶段、掌握局部技能阶段、初步掌握完整技能阶段、技能的协调完善阶段；《运动生理学》的描述是：泛化阶段、分化阶段、巩固阶段、自动化阶段；《体育教学论》的描述是：粗略掌握动作阶段、改进与提高阶段、动作的巩固与运用自如阶段。笔者认为，应结合运动生理学原理、心理学原理、中小学学生年龄特征来论述运动技能形成规律，这样才能体现运动技能形成规律的相对科学性、体育教学的特殊性（有别于运动训练中的运动技能形成规律）。

依照以上思路，可以这样总结运动技能形成的阶段：

第一，粗略学习运动技术阶段。

第二，掌握分解动作，改进与提高完整运动技术阶段。

第三，掌握完整运动技能阶段。

第四，运动技能自动化阶段。

运动技术与运动技能存在差异，不能混为一谈。所谓"运动技术"，指的是对特定的体育活动加以完成的方法，或能对人的身体能力充分地进行发挥，有效而合理地完成动作的方法。而所谓"运动技能"，指的是从一定的技术要求出发，对某种动作加以完成的能力。

运动技术实际上是一种"方法论"，是人们在长时间实践中得来、经过多次修正、在不同阶段具有相对科学性的一种完成动作的方法。运动技术没有个人特性，不以人的意志为转移，具有客观存在性。但运动技能则有所不同，是人通过学习所掌握的自动化、个性化的行为方式，个人特征非常鲜明。立足学习、掌握的角度，不应说"学生对运动技能进行学习"或"学生对运动技术进行掌握"，而应当说"学生对运动技能进行掌握"或"学生对运动技术进行学习"。

此外，运动技能与运动技术各自的特点在"在学习与掌握的程度上"也有所体现。所有学习都会经历从不会到会的过程，通常而言，学生都是先对知识进行学习，继而做练习，最后对某种技能加以掌握。以四则运算的学习为例，在讲解四则运算时，教师会先对相关知识进行介绍，学生对知识进行学习。在学生对运算法则有了基本了解之后，就会开始做练习。尽管这时学生已经明白四则运算的原理，然而却谈不上熟练掌握，必须通过反复练习、实践，如脱离实物运算的应用题运算、算盘运算、抽象数字运算等。唯有如此，学生方能真正娴熟地掌握各种运算，才能确定"某某学生能够熟练进行四则运算"，运动技能也是如此。因为运动技能需要实践环节，即需要身体直接对实践活动进行参与，所以有着更大的难度，学生想要达到真正掌握运动技能的程度是非常困难的，在对运动技能形成过程进行描述时，要对运动技能"掌握"的各种程度加以体现，包括初步掌握、基本掌握、熟练掌握等。

1. 粗略学习运动技术阶段

从生理学、心理学两个视角分别阐述粗略学习运动技术阶段的基本特征。

从生理学角度来看，此阶段由新的运动技术所引起的内外刺激对学生来说都是新异刺激，并通过各种感受器（特别是本体感受器）传到大脑，引起大脑皮层有关中枢神经细胞的强烈兴奋。但因大脑皮层内抑制过程尚未确立起来，所以大脑皮层中的兴奋与抑制都呈扩散状态，使反射暂时联系很不稳定，由此出现了泛化现象。具体表现为动作不协调、不准确，有多余动作，错误动作很多，动作时机把握不准确，节奏老乱。

从心理学角度而言，此阶段学生的视觉起到了主导作用，学生主要通过观察教师、优秀学生、教学媒体等的各种运动技术演示来学习；虽然学生在头脑中建立了比较正确的运动表象，但由于他们在初学时缺乏感性的认识与直接的经验，虽然他们注意力高度集中，但情绪紧张，心理能量消耗大，在大脑中建立的运动表象或隐或显，直接表现为动作吃力、不协调。

这一阶段教学的主要任务是使学生建立动作的正确表象和概念，防止和排除多余与错误的动作，并尽力让学生多进行练习，以建立大脑皮层与肌肉系统的联系和条件反射。根据这一阶段的特点和教学任务，教师要充分了解学生的身心特点，尽量运用各种直观的教学手段、简洁生动的讲解和准确漂亮的示范，保证学生建立正确的运动表象，并引导学生积极思维，明确动作的意义、技术结构、要领和完成的方法。同时，使学生有足够的练习时间，帮助学生建立神经系统与肌肉系统的暂时联系。

2. 掌握分解动作，改进与提高完整运动技术阶段

立足生理学角度，伴随学生学习的不断深入，其大脑皮层运动区的兴奋与抑制过程开始在时空上进行分化，大脑皮层运动中枢的兴奋和抑制过程逐渐集中。因为抑制过程得到强化，尤其是分化抑制开始发展，从泛化进入分化，第一信号系统和第二信号系统的相互作用也越来越强，具体表现为学生对各个分解动作逐渐掌握，同时减少多余动作，动作的节奏、时机愈发与要求相符，等等。从心理学角度来说，学生开始强化分配注意力的能力，开始分化感知觉、动觉、听觉、视觉的作用同时得到发挥，然而此时学生还未有稳定的条件反射，容易受到强烈

刺激或者新异刺激的干扰，有着较小的注意力范围、较为紧张的精神以及较为忙乱、呆板、不协调的动作，容易出现很多错误动作。所以，这一阶段的教学任务是以对运动技术进行粗略学习为基础，进一步消除紧张情绪，让学生对各个分解动作都能熟练掌握，并使其进一步深化对各个动作结构内在联系的理解。在学生对各个分解动作能够熟练掌握的基础上，教师再帮助其将完整动作的概念与连接建立起来。

从该阶段的教学任务与特点出发，教师应当对多种教法进行运用，增加重复练习的时间、次数，在不对完整动作进行割裂的前提下，对各个分解动作进行比较，从而帮助学生对各种错误动作加以纠正，使之真正领会、理解、掌握技术动作的关键所在。同时，教师还要从完整动作的要求出发，让学生有节奏地组合练习各个分解动作，逐渐从分解动作向完整动作过渡。

3. 掌握完整运动技能阶段

从立足生理学角度来说，在反复练习完整运动技术之后，学生会逐渐形成运动技能，渐渐巩固运动动力定型，无论在时间上还是空间上，大脑皮层运动区内都有着更加集中的兴奋与抑制过程。在一定情况下，学生能够下意识地完成动作。即便是身处不利条件、不利环境，学生的运动形式也不会遭到破坏。同时，学生的躯体性神经功能也开始协调配合于植物性神经功能。因此，学生不断降低自身精神紧张程度，不断扩大注意力范围，逐渐强化语言作用。具体表现为：基本没有错误动作，完整动作节奏性、连贯性较好，动作相互矛盾与干扰变少，动作省力而协调，能够较好地完成完整动作等。

这一过程的运动动力定型虽已基本巩固，但仍然要经常加以练习，否则动力定型还会消退。对于复杂的、难度大的运动技术，如果学生缺乏经常的练习，不仅其运动技能难以得到进一步巩固，而且还很容易消退。因此，此阶段的任务是要求学生在各种条件、环境下经常练习，关注运动技术的各个细节，加深动作技术的理论和原理的理解与消化，并配合运动实践，从而促进完整运动技能达到自动化程度。

此阶段对于中小学学生的体育教学具有特殊的意义与作用。体育教学毕竟不像运动员的运动训练，运动员具有很好的身体素质与充足的运动时间，而中小学学生的身体素质较差，运动时间也相对较少，因此，需要结合中小学学生的年龄特征，对于较难的、较复杂的运动技术要进行分解教学。当然，教师在分解动作时不能破坏其运动技术的完整性；在分期完成分解动作之后，要注意各个分解动作的连接练习、部分完整练习，只有这样，才能从分解过渡到完整，为熟练掌握完整动作打下坚实的基础。

4. 运动技能自动化阶段

立足生理学层面来说，伴随运动技能的巩固与发展，学生所掌握的运动技能渐渐具有自动化特点。自动化指的是学生能够在脱离意识的情况下自动完成某套动作练习。实际上，这种无意识或下意识地对动作加以完成，并非真正意义上没有意识地完成动作，而是在大脑皮层有着较低兴奋性的情况下，对一些活动或动作加以完成。例如，人们在骑自行车的时候，其实是不需要意识对车子进行控制的，人们自然而然地就能调整踏车的动作、重心的移动、车把的稳定，因而在骑车的过程中，人们的注意力更多地集中在对周围情况的观察上。

如果从心理学层面来看，在运动技能自动化阶段，学生会减少精神紧张，最大限度地扩大自身注意力范围，运动感觉对动作的调节控制也会居于主导地位。其具体表现为：学生能省力轻松、熟练、高度准确地对动作加以完成，并且完成的动作具有省力、漂亮、准确、娴熟的特点，能对运动技能的个性化特征予以体现。继续发展，可以表现为运动能力和运动技巧的提升，学生的灵活性和随机应变能力进一步提高。

然而，也要认识到，学生是在下意识的情况下完成运动技能的自动化的，所以难以察觉一时的动作误差。假如学生对动作误差进行多次重复，这一错误就可能被巩固，使已经形成的动作出现变质问题。所以，在运动技能的自动化阶段中，体育教师的教学任务主要是对已形成的动力定型进行巩固与发展，让学生能够更加轻快、省力、熟练地完成动作，同时能在各种变化的条件下对动作进行自如运用。立足运动技能的自动化阶段的任务、特点，体育教师应对学生提出要求，使其进一步强化练习，对运动技术的细节问题予以注意，让学生在各种环境、各种条件下参与练习，尤其是在运动比赛中"练习"，对已经形成的动力定型反复加以巩固。

总的来说，运动技能形成的这四个阶段之间存在着有机联系。因为不同学生有着不同的学习条件、学习基础，加之体育教学的教法水平不同、教学组织不同，因此这四个阶段也有着不同的特点与所需时间。通常来说，中小学学生要达到运动技能的熟练化、自动化，其难度非常大，要实现这样的目标，体育教学仅仅是一个基础，关键是课外体育和自主锻炼，体育教师的作用仅仅是把握体育课堂教学的时机，传授正确的运动技术，激发学生运动兴趣，正确选择各种教法，纠正学生的错误动作，对学生掌握多种运动技能起到推动作用。

（三）心理活动能力变化规律

体育教学中学生的心理变化情况是非常复杂的，需要简化考察学生在体育学习过程中的多种心理学指标。体育教学涉及心理学的因素很多，如学生在体育学习中的注意、思维、记忆、情绪、意志、兴趣、爱好、性格、个性特征、世界观等，如果考察全部的因素与内容，则会变得异常复杂。这里主要针对几个心理过程的重要指标（如果涉及心理特征，则更为复杂）进行分析，以期引起理论研究工作者与实践教学工作者的关注。

1.体育教学中不同年龄学生的注意力特征

（1）学龄初期（6~7岁至11~12岁）

这时的儿童虽然已经开始发展自身的有意注意，而无意注意依旧发挥着十分重要的作用，因此，外界客体很容易引起学龄初期儿童的无意注意，特别是小学一二年级的学生，很容易向外部的、对其有所吸引的刺激物转移注意力。学龄初期的学生的有意注意缺乏稳定性。研究表明，7~8岁儿童通常而言仅能对有意注意保持10~15分钟。假如让一年级学生在3~10分钟内连续做练习7次，当其完成第5次练习后，大部分学生会出现注意力分散的问题。因此，在体育教学中，体育教师不应强制学龄初期的儿童按练习次数进行完成。

低年级学生有着较为狭窄的注意分配，无法将注意力集中在2~3个对象上进行分配，同时其有着较弱的内部注意，很难在自身的思维、表象上集中注意或对自己的动作以及完成的练习中存在的错误进行分析。因此，在体育教学过程中，体育教师应对上述情况进行考虑，在给低年级学生布置任务时，尽可能少地布置那些要求其分析自己动作的任务，而应当更多地向学生讲解、分析他们动作中存在的错误，尽可能多地向他们展示规范化的示范动作。

（2）学龄中期（11~12岁至14~15岁）

这时的学生进一步发展自身的有意注意。在对教材有较强动机的情况下，如果有适当的教学条件，学龄中期的学生能够较为轻松地保持40~50分钟的有意注意，他们能够在有关的单个对象上分配注意或者转移注意。不过，这并不代表着学龄中期的学生不会分心。实际上，他们仍很容易出现分心情况，造成这种问题的主要原因包括：教材过于高深、抽象，和学生所具有的知识经验之间有着较大差距；学生行动具有耐受性、冲动性，想要尽快做动作，渴望在积极活动中获得成长等。

学龄中期的学生想要获得各种事物的新印象，因此其很容易被外部刺激吸引自身注意力。这一时期的学生对活动的结果有着更多关注，而忽视了活动完成是否优质，如果让他们千篇一律地重复某一动作，很快他们就会感到枯燥无味、提不起兴趣，注意力也自然而然会降低。

（3）学龄晚期（14~15岁至17~18岁）

这时的学生，能够对有意注意进行长久保持。高中生已经具备长期保持某种注意力的能力，他们十分突出地表现出试图自我表现、自我认识的意愿，并能完全自觉自愿地接近这一目标。所以，学龄晚期的学生很好地发展了自身的注意稳定性，其注意的范围已经提升至一般成人的水平，即使置身较为复杂的活动中，也能对自己的注意进行妥善分配。因此，在体育课上，无论是体育教师做示范动作时，还是对理论问题进行讲述时，或是对动作进行讲解时，学龄晚期的学生都能时刻保持注意。

2. 体育教学中不同年龄学生的思维特征

所谓思维的年龄特征是针对总的发展过程中那些有着共同特性、共同现象的阶段或时期而言的，往往是指在一定年龄阶段中学生表现出的本质的、典型的、一般的特征。心理学中一般认为，在不同年龄阶段，儿童与青少年的思维发展主要表现出如下特点：从出生到3岁，主要为直观形象思维；幼儿期或学前期，主要为具体形象思维；学龄初期或小学期，主要为形象抽象思维，也就是孩童正处于由具体形象思维过渡向抽象逻辑思维的阶段；少年期，主要为以经验型为主的抽象逻辑思维；青年初期，主要为以理论型为主的抽象逻辑思维。

我们要认识到，各个时期学生的思维特征是交叉存在的，而非单独存在的。

在学生刚刚步入某一阶段的时候,可能依旧具有鲜明的上一阶段的年龄特征。而在学生即将步出某一阶段的时候,也可能已经产生了下一阶段的部分年龄特征。

在体育教学中,学生的思维有其特殊性,即需要将认知思维与动作思维结合。上述内容便是对一般教学过程中的认知思维的论述。而相较于认知思维,动作思维则有其复杂性。

动作思维,也被称作"直观动作思维",以"思维与动作不可分离"为基本特点。通常来说,动作思维是在人类或个体发展的早期所具有的一种思维形式,动作思维的课题或者任务联系于当前直接感知到的对象,其解决问题的思维方式是依据当前感知觉与实际操作,而非依据概念与表象。例如,例如,在对抽象数学概念充分掌握之前,儿童会通过用手摆弄物体,进行计算活动,这便是一种动作思维。

动作思维是在抽象逻辑思维产生之前的一种思维形式,尽管成人在进行抽象思维时,有时也会寻求具体动作的帮助,不过这并非一种动作思维。因此,动作思维不同于一般知识学习的认知思维。但有关动作思维的规律与特征的研究非常少,因此,在体育教学中深入讨论不同年龄学生动作思维的规律还比较困难。基本规律是:年龄越小,动作思维越需要依赖形象思维进行。

3. 体育教学中不同年龄学生的意志特征

小学生的意志有着较差的独立性、目的性,而表现出较为明显的独断性、受暗示性和盲目性。随着年龄增长、年级升高,小学生的果断性得到持续发展,然而并不稳定;小学生的自制品质在不断发展,抗内外诱因的能力持续增强;小学生的坚韧品质发展迅速,然而在各个阶段呈不平衡状态。

相较于小学生,初中生意志的果断性要更强,然而其也呈现出摇摆的特点。初中生仍不具有较强的自制性,需要外界加以督促。初中生逐渐强化意志的坚韧性,不过和小学生一样,其坚韧性在各个阶段也呈不平衡状态。

高中生有着明确的目的性,很有主见。相较于小学生、初中生,高中生有着较高水平的果断性,不过尚不能充分正确地把握局面。高中生有着显著提高的自制能力,同时也一定程度上有着冲动性。高中生意志的坚韧性迈入更高阶段,但是依旧容易受到外界影响。

体育课堂是对学生意志力进行直观反映的场合。通常来说,在体育教学活动中，学生的意志力表现往往受体育教材内容的影响。例如，在学习难度较高的运动项目时，学生就会有着较为薄弱的意志力，不过如果体育教师对学生及时引导、教育，那么学生仍旧可以有效发挥意志力；在学习较为简单的活动内容时，学生并不需要发挥强大的意志力，因此伴随课堂的进行、延续，学生的意志力表现会渐渐具有自然特征。

在体育教学活动中，学生的意志力表现也受到教师威信的影响。如果教师在学生心中有着很高的地位，学生就会有着较强的意志力表现；如果教师在学生心中地位不高，那么学生意志力表现就会十分薄弱。

一般而言，在正常体育教学状态下，学生在一节课的前半部分往往有着较高的学习热情、较为充沛的学习精力，所以这个时候无须依靠意志力来维持自己的注意力；而当教学不断继续，来到一节课的后半部分时，学生体力下降、精力不济，需要对自身意志力加以调动，从而集中注意力、打起精神，完成学习任务。特别是在教学的最后，无论是学生的耐力、体力还是精力，都降至最低点，此时需要对自身更强的意志力进行激发，方能保证学习的继续。所以，整体而言，在体育教学课堂中，学生有着逐渐上升的意志力曲线。当然，这条上升的意志力曲线也会出现部分波动，受教师的引导、学习内容的困难程度、学习任务的条件而呈现出不同变化特征。

4. 体育教学中学生的情绪特征

情绪作为一种心理现象，是由客观事物引起的，是人的态度体验，它总是和需要联系在一起。一般的情绪总是伴随着一定的情境性和明显的冲动性与外显性。体育教学中学生情绪体验既具有一般共同性，又具有其自身的特点：

（1）情绪的多样性

第一，面对同样的教材，不同学生会表现出不同情绪。由于不同学生有着不同的兴趣爱好、身体素质，所以在对同样的体育活动进行体验时，他们的表现也是不同的。有的学生会表现出愉悦、兴奋，有的学生却表现得紧张、怯懦、恐慌。

第二，面对同样的教材，同一学生可能也会表现出不同的情绪。在刚开始接触体育活动的时候，因为学生动作生疏，所以常常感到紧张、焦虑，而当其通过学习、练习，能够熟练掌握动作之后，就会感到欣喜与愉悦。

（2）情绪的暂时性

学生在体育活动中的情绪体验，随着活动的开始和结束而相应地开始和结束，可谓"来得快、去得快"。学生的情绪有着较强的针对性和较短的维持时间。

（3）情绪的外露性

在体育教学过程中，体育教师的态度、体育教学的内容往往会影响学生的情绪。当我们对学生运动时的言语、表情、动作以及其对待活动的态度进行观察时，就能清楚地了解学生的内心情感。例如，当学生在横箱前犹犹豫豫、不敢跳跃时，他们往往会眉头紧锁、嘴角紧抿；而当学生克服恐惧，将横箱一跃而过后，他们会露出笑容，表情更为放松。因此，学生的情绪是较为外露且非常直接的。

（4）情绪的感染性

体育课一般都是在室外进行的，教师与学生、学生与学生之间的直接接触比一般的文化课多一些，教师的保护帮助、教师对待学生的态度、学生之间的小组活动等方面，都存在着一方的情绪对另一方情绪施加影响的情况，即情绪的相互感染。

（5）情绪的鲜明性

在动作练习过程中，学生因受种种因素的影响，情绪会产生不同的变化。例如，冰球比赛中对方屡次故意撞人犯规，使被撞者愤怒至极，立即采取报复行动，此时，双方有可能大打出手。

5. 体育教学中不同年龄学生的兴趣特征

对于人的认识与活动来说，"兴趣"可谓意义重大，发挥着重要作用。当人被激起学习兴趣后，往往能够拥有紧张而愉快的精神，从而更加聚精会神、积极主动，会取得更好的学习成效。因此，想要进一步提升教学效果，教师就要对兴趣的有关知识、理论进行了解，同时在体育教学过程中有意识地对学生的学习兴趣进行培养。

兴趣是以需要为基础产生的，渴望对某种事物进行认识与探究的心理倾向。环境会对兴趣产生影响，例如当儿童有一个和谐、温暖的家庭时，就会"以人取向"，而当儿童生活在孤僻、冷漠的家庭时，就会"以事取向"。研究表明，在儿童时期，兴趣往往是对人行动与生理活动进行支配的主要心理倾向；而在青年时期，对人行动与生理活动进行支配的主要心理倾向就变成了"理想"。

通常来说，可将兴趣划分为间接兴趣和直接兴趣。所谓直接兴趣，指的是人对活动或事物本身所产生的兴趣，大多数情况下，其是因为客观事物极具吸引力而产生的。例如，部分学生对体育课感兴趣，不是因为其爱好体育，而是因为体育教师能够做出很漂亮的示范动作。所谓间接兴趣，指的是人对活动的结果产生的兴趣。例如，部分学生对教师讲解聚精会神地聆听，看起来很感兴趣，其实主要是因为其想要学会某个动作要领。总的来说，年龄较小的学生有更多的直接兴趣，也就是对活动或事物本身感兴趣；年龄较大的学生，更多的有间接兴趣，也就是对活动的结果感兴趣。在活动中，直接兴趣与间接兴趣相辅相成，伴随学生运动能力的提升、素质的发展、身体的发育、年龄的增长而不断变化。

学生的兴趣既有一般活动的共性，也有体育活动的特殊性。具体来说，其特殊性主要表现在如下几方面：

第一，年龄越小的学生，越对体育活动有着广泛的兴趣，小学低年级学生对一切新鲜的体育活动都会产生兴趣，想要尝试所有项目。

第二，学生对各类体育活动的兴趣存在个体差异，有的学生对足球感兴趣，有的学生对乒乓球感兴趣，有的学生则对篮球感兴趣。

第三，伴随年龄不断增长，学生对体育活动内容的兴趣也会渐渐集中，只对几个特定运动项目感兴趣，这便是他们的爱好。

第四，学生对体育的兴趣在稳定性上存在差异，有的学生兴趣不稳定，今天喜欢篮球，明天又喜欢乒乓球，有的学生的兴趣稳定而持久，从小到大都热爱某项体育运动。

第三节 体育教学现状

一、我国高校体育教学存在的问题

（一）观念误区

高等学校有三大社会功能，分别为社会服务、科学研究和人才培养。但是，从整体来看，在高校中体育实际上居于次要位置，扮演着"配角"，这主要受到人们传统思想观念的影响。个别高校领导在一定程度上存在着对体育教学忽视或轻视的情况，没能全面而深刻地认识到，在培养全面发展的高素质人才的过程中，高校体育有着非常重要的作用。大学阶段是大学生世界观、价值观、人生观形成的关键时期。高校体育教学正是对大学生终身体育锻炼习惯和终身体育意识进行培养的重要领域，有助于使其树立正确的世界观、价值观、人生观。

（二）教学内容欠缺合理性

当前，我国高校体育课程在内容设置上，大部分都将"达标"作为第一要务。高校体育课程并未合理设置那些有着广泛群众基础、趣味性较强、健身效果较好的体育运动项目，较少涉及民族体育、生活体育、休闲体育等内容。长此以往，大学生直到毕业都不知道哪些运动项目适合自己，在体育运动方面缺乏兴趣爱好，与体育运动渐行渐远，这十分不利于培养学生的终身体育能力。

除此之外，在高校体育课程设置中，理论课未占据足够比例。由于体育教学中理论课的缺乏，学生也未能掌握运动处方、自我检测与评价、运动损伤与治疗、体育卫生保健等知识。导致其难以从自身情况出发，科学合理地进行锻炼与保健。

（三）体育教学中未能贯彻终身体育意识

所谓终身体育，主要指的是一个人终身进行身体锻炼和接受体育教育。终身体育是近年来诞生的一个新概念，即学校在体育教学过程中，应当让学生学会怎样正确锻炼身体，使其在离开学校、步入社会之后，仍然能够对在学校学到的体育技术、技能进行熟练运用，科学合理地锻炼身体，取得理想的运动成效。少数高校体育教学中，并未全面融入终身体育理念，未能意识到终身体育已经打破对学校体育的原有时空界限，使得学校未能在每位大学生的体育学习中落实终身体育教育。

（四）体育教学评价缺乏科学性

高校体育教学目标并不是获得表面上的课堂成绩，而是促进学生开展体育锻炼，帮助学生形成终身体育理念。考核方式单一导致那些有着较差体育能力、体育基础的学生，尽管非常努力，却无法取得理想成绩，而那些有着优越身体素质的学生却能轻轻松松地获得好成绩，这在无形中严重损害了学生的积极性。

二、解决我国高校体育教学存在问题的对策

（一）加强管理，正确定位

高校领导要切实转变自身教育观念、教育思想，将正确的体育观念、体育思想树立起来。高校领导应将高校体育当作培养全面发展的高素质人才的助推器，站在为我国现代化建设培育高素质、高水平人才的高度，切实将高校体育教育重视起来，对大学生终身体育教育观念进行培养，助推大学生身心健康发展，切实提高大学生整体素质。

高校要与自身教学管理现状相结合，强化体育教学管理。高校应该探索各种与学生情况相适应的管理方法，形成管理和教学彼此促进的良好态势，有力推动整个高校体育教育的发展。

（二）改进内容方法

高校体育教学要逐渐由应试教育向素质教育转变，要坚持全民健身、素质教育、终身教育的导向，对学生的终身体育意识进行培养。高校要在体育教学中增加实用性运动技能，让学生渐渐热爱体育课，发自内心地想要参加体育活动，在日常生活中养成良好的体育锻炼习惯，从而实现身心素质的提升。

立足现代教育视角，教育工作者必须扩展自身对体育的理解。现代学校体育教学应能够促进受教育者的身心和谐发展，因此，体育不仅内在地涉及德育、智育与美育，从主要任务、基本内容来看，应当是身心健康发展、身体技术技巧和营养保健的统一。因此，高校体育教学要从自身实际情况出发，增加身心健康、营养保健等方面的教学内容。

高校体育教学要将终身体育作为自己的指导思想，重视学生身体素质的强化，使学生形成健康文明、竞争进取的生活方式。在高校体育教学过程中，要确保学生充分发挥自身主观能动性，引导学生，调动其参与的积极性，对其兴趣予以激发，使学生特长得到发挥。高校体育教学要做到有的放矢，实现教师与学生相互

促进，将浓厚的学习氛围营造出来，最终保证体育教学达到预先设计的教学目的，获得更理想的教学成效。

（三）改进考核

在高校体育教学中，要以学生的全面发展为目的来考核学生。在体育教学考核中，既要考核学生基本运动能力，又要考核学生基础理论的掌握情况和创新能力。高校要尽快将科学的评价体系建立起来，准确评价学生的创新能力、创新意识，并对其进行培养。

（四）加强师资队伍建设

一支有着较高业务水平、结构优化、素质优良、政治过硬的高校体育教师队伍，能够有力地保障我国体育素质教育向纵深推行。所以，高校在建设体育师资队伍时，要做好如下工作：在体育教师的奖惩、培训、考核、聘任等对师资队伍进行管理的主要环节上，高校不能单纯依靠行政手段，而要落实依法管理，要将竞争的观念树立起来，建立竞争激励机制并不断完善、健全，对教师结构进行进一步优化；重点建设骨干教师队伍，强化建设青年教师队伍，使青年教师的成长更加迅速；强化继续教育，对高校体育教师的学历层次进行提高；着力实现观念更新，对提升体育教学学术水平给予更多重视。

（五）增大体育场馆设施投资，合理利用现有资源

高校要尽快对体育场馆等基础设施进行完善。各级政府、主管部门、高校领导都应对学校体育场馆设施的基础建设予以重视，尽最大努力多渠道对资金进行筹措，加大力度开发高校体育场馆设施。高校要优先对体育教学最急需、最紧缺的场馆进行建设，使场馆基础设施得到逐步完善。与此同时，高校也要对现有的体育场馆资源进行合理开发与利用，确保体育教学活动能够顺利开展。

（六）转变教学思想，树立终身体育观

高校体育教学要将培养学生终身从事体育活动的习惯与能力作为指导思想，坚持对学生开展终身体育教育，将增进学生健康作为教学目标，让高校公共体育教学的优势得到充分发挥，让体育教学与社会、未来衔接，对高校体育教学的功能加以突出，从而让学生受益终身。这也是高校体育社会化、科学化的发展趋势。

（七）改革教材内容，发挥学生主体作用

教材内容的改革，就是要让高校体育教材与学生身心发展的需要相适应，合理搭配终身体育、快乐体育、竞技体育的内容，让学生在体育教学活动中能够充分发挥自身主体作用，提升自身学习态度、行为质量，最终获得事半功倍的学习成效。

第二章 体育教学方法的发展

体育教学研究的重点环节就是体育教学方法，作为体育教学的重要组成部分，体育教学方法是衡量体育教学质量的标尺。但是，从社会对体育教学方法的研究以及取得的成果来看，教学过程主要以教学方法为载体，涉及众多教学内容。因此，目前我国在体育教学方法的研究和应用上都存在不足之处。出现这种情况的主要原因是，体育教学者实施体育教学时，对体育教学的方法、意义还缺少深入的认识。另外，学生是体育教学的主体，每一位学生的特点和认知能力都不同，因此要根据社会的需求和学生的特点，采取具有针对性的教学方法，才能保证教学质量。

本章主要介绍了体育教学方法的发展，共分为三节内容，分别是体育教学方法的概述、传统体育教学方法、现代体育教学方法。

第一节 体育教学方法的概述

每一位体育教师在对学生开展体育教学之前，首先应当确定的内容是体育教学方法，因为这是保证体育教学质量的关键因素。所以体育教师在制订体育教学方案的时候，必须对体育教学方法的相关知识有深入的了解，只有这样才能清楚选择体育教学方法时的注意事项，才能制订出科学的体育教学方案。

一、体育教学方法的特点

体育教学方法是对为达到体育与健康教学目的，依据教学内容、教学对象、教学环境和教学条件，启发、组织和引导学生从事体育与健康学习活动的一种有步骤的教与学互动活动的统称。它包括"教师教"和"学生学"两个方面。现阶段，在体育新课程全面推行的情况下，多种新的体育教学方法应运而生，并且起到了重要作用。

参照体育教学应达到的不同任务与目的，从体育教学时空条件和体育教学以身体练习活动为主的特点等方面来看，体育教学方法总体上有以下特征：

1. 体育教学方法可以调动多感觉器官共同工作

在体育教学中，教师与学生既要通过视觉、听觉感受器接受信息，又要利用动觉、位觉、触觉等去感受身体的运动，特别要通过本体感觉去感受身体运动中的用力大小、方向及运动范围。学生如果长时间在一种安静状态下学习，长期感受不到感官刺激，就会思维迟钝，导致学习效率下降。因为体育运动项目本身具有调动人体各部位器官功能的特点，所以学生在进行长时间室内文化课后，调动和利用各种感觉器官来进行体育运动是必要的。

2. 体育教学方法能够让锻炼和休息进行合理交替

体育教学过程中要使学生受感到生理、心理上的共同刺激并承担一定运动负荷。若刺激时间太长、刺激负荷太大，就会造成学生生理上、心理上的双重疲劳，学生的学习效率降低就是因为疲劳累积太深。如果教师不及时采取一些措施，就会影响教学质量。尤其是小学阶段的孩子，年龄小，活泼好动，注意力容易分散。同时他们还处于生长发育时期，对外界事物充满好奇与期待。因此，需要在教学中增设体育课来缓解、消除由此带来的疲劳，体育教师在此过程中可采用转换练习的方式对练习的难度、组合、条件、环境进行变换，同时需要考虑休息方式、时间等因素对学生学习效果的影响。

二、体育教学方法与教学行为之间的关系

教学行为是指师生双方在教学活动中所采取的行为，教学方法是师生双方共同完成教学活动内容的手段。如我们所说的"体能训练"是一种体育教学行为，而"体能训练法"则是体育教学方法。

（一）教学方法与教学行为之间的差别与联系

为帮助广大体育教学工作者明确认识到教学方法与教学行为之间存在的差异

和联系，作者根据优秀教师多年的教学实践经验，以及对有关材料进行的分析，现将二者的差异和联系简述如下：

1. 合理性差异

教学方法是指教师所具备的一种教学技能，通常情况下，教学方法具有合理性和科学性的特点（除运用不当外），能大大提升教学效果。在教学活动中，教学方法包括教学方式和学习方式两部分。教学行为并不全是合理的，一些不合理的教学行为对学生的身心发展具有消极影响，因此，教育者要努力规避不合理的教学行为。

2. 本质区别

教学方法是体育教师群体经过自身多年教学实践而总结出的有章可循的教学技术，教学行为则是教师个体在教学过程中带有随意性和偶然性的一种行为。

3. 二者之间的关系

教学行为指的是在教学课堂中教师所采取的一切行动与手段的总和，例如某个科目的教师运用多媒体来授课，再通过课堂提问等形式，使学生能够自由地阐述对某个教学内容的观点。教学过程本身就是一种教学方法与教学行为相结合的过程。教师所使用的教学方法可以分为两种：讲授式方法和启发式方法。如果教师只使用了其中一种教学方法，就会造成课堂教学效率低下，而只有将两者结合起来才能够提高教学质量。可见，教学行为就是教学方法的一种体现。

（二）体育教学方法与行为分辨不清的原因

在体育教师和体育研究者中，都存在着对体育教学方法和体育教学行为二者差异不甚明了的现象，造成这一现象的原因如下：

1. 体育教学活动具有很强的实践性

体育教学活动具有很强的实践性，所以"行为"与"技术"二者之间的差别不如其他学科那样明显，这就模糊了体育教学活动和教学行为的边界。

2. 现实生活的影响

在我国社会经济飞速发展的背景下，人民群众越来越追求生活品质，体育锻炼已经成了人民群众日常生活的重要组成部分，加之体育教学方法和人民群众在日常生活当中的某些行为非常相似，并不存在非常明显的差异，这就扰乱了体育研究者对于二者的区分。

三、体育教学方法的层次

目前,许多体育教学专家及教育工作者在体育教学方法概念认识上存在困惑的另一原因是"教学方法空间边界定位不清",甚至没有明确体育教学方法究竟包括什么,所以在实际工作中很容易出现混淆体育教学方法与其他学科教学方法的现象。这种情况不仅影响了体育教学质量,而且也不利于学生综合素质的提高。因此,必须明确体育教学方法的基本内涵。实际上体育教学方法具有多个层次,作者在对体育教学进行研究分析后得出体育教学方法包含以下几个层次:

(一)"教学方略"上的层次

"教学方略"在体育教学方法中处于"上位"水平,又可称为体育教学方法指导原则,主要在学科专业与教学技能方面对体育教师进行理性思考、研究与反思。它包括教学策略、教学模式、教学程序和方法、教学评估与反馈等方面的内容。不同学科有各自的特点,同一学科也存在着差异。因此,在选择体育教学方法时应该有所侧重。"教学方略"的内容十分丰富,它不仅包括各个学科的知识,而且还包括各单元课程的知识。例如体育教学中运用的"发现式教学法",其实是体育教学方法广义上的综合运用,它包括提问法、组织讨论法、总结归纳法和实地测量法。

(二)"教学方法"上的层次

"教学方法"在体育教学方法中处于"中位"水平,又可称之为教学技术或狭义教学方法,它是体育教师所采用的主要教学行为。教学方法包括教师的教法和学生的学习方法两个方面。其中教师的教法是基础,学生的学习方法则为核心。从广义上讲,"教学法"还应该包含教学策略与组织策略等内容。广义上的教学方法还包括在整个教学活动中所采取的各种教学步骤和方法,它是一种贯穿于整个教学过程始终的活动。例如单项训练法,是指在教学过程中,为达到一定的教学目的而进行的训练。

(三)"教学手段"上的层次

所谓"教学手段",就是体育教师为实现教学目的而进行的教学行为,也可以称作是体育教学活动的教学工具,它是传统教学方法中不可分割的一部分,是体育教师为保证教学行为具有科学性、目的性,通过运用一定教学工具来确保教学方法效果为主要手段的有效的教学行为。这种教学手段多表现于教学活动的某个特定教学步骤或教学环节。随着新课程改革的不断深入,人们对于现代教学方式有了更高的要求,在这样的情况下,"教学手段"这一概念就显得尤为重要,它直接关系到教学质量的提高以及教学效果的好坏。例如,体育教师在教学时,运用理论与实践相结合的方法,亲自做出示范,以便学生模仿与学习。

第二节 传统体育教学方法

一、语言教学法

语言教学法,就是教师通过语言表达,来阐述体育教学知识、文化、规律、特点、技术构成、教学活动安排与过程实施的方法,学生通过教师的语言来了解教学过程、参与到学习过程中去,掌握必要的教学知识点。

常用语言教学法举例如下:

(一)讲解教学法

讲解教学法是指教师以语言讲解的方式进行教学的一种方法。讲解法在体育理论教学中具有重要作用。它是以讲授为主的教学方法之一。在体育理论课上采用这种方法可以提高教学质量和教学效果。运用此方法时,应注意明确讲解目的。教师在讲解时,要充分考虑到学生理解能力和认知能力的特点和层次等因素。

讲解法的运用要领如下:

1. 讲解时要讲清讲透教学内容的重点与特色

在进行体育教学的过程中,教师对教学内容进行讲解时一定要做到目的明确,不能够毫无目的地进行讲解,这会让学生无法掌握要点,无法领会老师的意图,从而导致学习效率不高。

2. 讲解内容要保证正确

强调对讲解的内容要精确描述,比如历史文化、技能方法、动作术语等。

3. 讲解要生动、简洁、突出重点

要注意讲解的方式，恰当的讲解方式才能够让学生更好地理解课程内容，生动形象的讲解能深化学生认知，教师要适当增加肢体语言来形象描绘技术动作，以使学生更好地理解动作要领。另外，对于一些需要反复练习才能巩固和强化的内容，要及时进行必要的补充或演示。教师在教学过程中应尽量使用直观形象的教具，注重与多媒体手段相结合，增强教学效果。此外，对有关概念、技能难点的讲解要有所侧重，抓住关键技术进行讲解，这样比较容易让学生抓住动作要领。

4. 讲解应通俗易懂、由浅入深

教师在教学中应善于采用启发式教学法，比如对比、类比和提问等，这样有助于学生积极思考，从而达到举一反三、触类旁通的学习效果。

（二）口头评价法

口头评价法对于体育教学来说是一种十分重要的方法，它能够在课堂中对学生进行最直接的评价与提醒，或者在授课后，口头评论学生们的上课表现。口头评价按评价的性质分为两类：正面评价，教师使用积极的、正面的话语对学生进行鼓励、表扬，表达对学生的认同与肯定；负面评价，教师在给学生评价时比较消极，主要表现为批评，这样做只会带给学生烦闷与沮丧的感受，无法起到鞭策学生的作用。因此，教师在跟学生的语言沟通中应该讲究技巧与措辞，就事论事，不能用过分的言语打击学生。

（三）口令、指示法

口令、指示具有简短的特点高度概括性，在体育过程中，借助简短的字词给予学生必要的提示，如体育教学中的动作学练。

口令和指示法应用要求如下：

第一，教师应发音清晰、声音洪亮。

第二，教师对学生发出的口令、指示应尽量使用正面引导、积极性的词汇并注意提示的时机。

第三，合理把握口令和指示的节奏。在体育教学实践中，教师采用口令、指示法时，应尽量做到语言精练，言简意赅。

二、直观教学法

所谓直观教学法就是运用对学生感官的直接冲击来加深他们对体育教学内容印象的一种教学方法，让他们对教学内容有一个更加直观、生动、形象和直接的认识。它可以帮助教师把抽象的知识具体化、形象化和清晰化，从而提高教学质量，达到预期目的。在体育课中采用实物教具进行直观教学，有利于调动学生的学习积极性。

体育教学中常用的直观教学法主要有以下几种：

（一）动作示范法

教师在体育教学过程中通过做示范动作演示教学内容，以达到让学生深刻地理解技术动作、熟悉动作结构与要领的目的。在应用动作示范教学法时，要注意以下几个方面：

1. 明确示范目的

教师进行演示前先明确当日的课程目的和演示内容。

2. 教师的示范动作要准确

在教学中，教师做动作示范就是为学生模仿技术动作提供范本，因此教师的示范动作一定要准确到位，避免对学生造成错误的指导。

3. 选择合适的示范位置

教师在进行体育教学时，要让每个学生都能全面而准确地观察到自己的示范动作，可以从多个角度进行演示，使全体学生对示范动作进行细致的观察。

4. 示范与讲解相结合

在学生发挥视觉、听觉、触觉等各种感官功能的基础上，通过演示、讲解等教学方法同时调动学生的听觉器官与视觉器官，从而达到促进学生认识并掌握正确技术动作的目的。

（二）教具演示

利用图表、照片和模型等直观教具辅助教学，使学生更加易于理解相应的技术结构和动作形象。使用教具演示教学时，应注意以下几点：

第一，提前准备教具、模型。

第二，全方位展示教具，如果介绍具体器材的使用方法可以让学生近距离体验。

第三，注意对教具的保护。

（三）案例教学法

案例教学法，就是在体育教学中举例子，使学生对体育更加简单、直观、形象的理解教学内容。

应用案例教学法的要求如下：

第一，举例恰当，避免举无效案例。

第二，对战术配合和组织案例分析尽可能详细，并注意分角度（如攻、守）分析。

三、完整教学法

完整教学法在体育教学中的应用较为广泛，这种教学方法注重对技术动作全过程的完整、不间断展示，一般应用于体育教学实践课。完整教学法在体育教学中进行运用时，要注意以下几个方面：

1. 先说明要领，再直接应用

教师将体育运动中的连续技术动作分解成一个个单一动作，然后再演示整体技术动作，先让学生单个突破，最终顺利模拟出一套完整的技术动作。

2. 加强动作练习

在进行体育实践教学时，教师要清楚地讲解、演示复杂运动的技术要领，对难点进行反复强调，让学生能够正确地掌握运动的技术要点。

3. 降低动作练习的难度

降低动作难度有利于学生进行完整练习，在建立正确动作定型后逐渐增加难度，待学生熟练后再按标准动作进行完整动作的学练。

四、分解教学法

分解教学法是对应完整教学法而产生的教学方法，它适用于结构复杂、难度较大的体育项目技术动作教学。分解法能够有效地组织学生学习体育课程中的各部分内容，可以帮助学生对重点技术进行全面掌握，并提高其理解、分析能力；还可以促进教师之间以及学生之间的相互交流合作。分解教学法在体育教学实践中应用时，应根据学生的实际情况和掌握程度来确定分解教学的重点和难点，并注意把握好以下几个方面：

第一，分解技术动作应讲究科学性，不应破坏各个环节之间的有效联系。

第二，分解技术动作按顺序进行讲授，在学生熟悉之后需组织他们在学习环节中进行前后一致的结合练习。

第三，综合运用技术动作的分解与完整教学，达到最佳效果。

五、预防教学法

体育教学的开放性决定了体育学习是一个会受各方面因素影响和干扰的开放性过程。其中最主要的因素就是人在心理上存在的个体差异。这种个体差异不仅表现在智力因素方面，而且还表现在非智力因素（如动机、兴趣、情感）方面。

预防教学法是指在教学过程中，教师对学生出现的错误采取积极有效的阻断措施，使学生能够正确地掌握所学内容，从而达到事半功倍的效果的教学方法。在体育教学中，运用这一方法能有效地防止或减少运动损伤。同时也有利于提高教学效果和教学质量。因此，预防教学法越来越受到广大体育教师的重视，并被广泛应用于日常课堂教学之中。使用预防教学法时要注意以下几方面：

第一，教师要在体育教学中不断地强化学生对课程内容的正确理解，以免学生朝着错误的方向发展。

第二，教师可以根据自身教学经验，针对学生备课过程中可能出现的失误提前制定预防方案。

第三，为了防止学生出现错误，教师可以采用口头评价、指示等方式加以提醒。

六、纠错教学法

纠错教学方法是在学生体育教学中出现认知、动作错误时，教师及时予以纠正的教学法。

在体育教学过程中，教师应正确对待学生由于对各种动作技术理解不到位或对动作掌握不标准的错误，注意进行有意识的引导和纠正。

纠错教学法应用要求如下：

第一，纠错时，应同时讲解正确的技术动作，使学生明确产生错误的原因，及时改正。

第二，结合外力帮助学生明确正确技术动作的本体感觉。

预防和纠错相辅相成，和预防相比，纠错的针对性更强，要求教师认真分析学生出现错误的原因，并有针对性地结合错误的根源采取相应的纠正措施，给出改正方向与方法。

七、游戏教学法

游戏教学法是指教师通过组织游戏来让学生完成预定的教学任务，它是一种以锻炼学生身体机能为目的的教学方法。其特点主要有两个方面：

第一，实现教育与娱乐的有机结合。

第二，充分发挥学生的主观能动性。

该教学法运用较为广泛，可用于体育教学的各个时期。应用游戏教学法有以下几点要求：

第一，要根据学校实际情况确定游戏教学内容和方法，不能随意增减教学内容。

第二，游戏内容要选择学生关心的事物。

第三，在游戏过程中，注意学生间的相互合作和个体的主动付出。

第四，在游戏过程中，教师要对学生的表现进行监督，以免学生打破规则，如果出现违规现象，应该加以"处罚"以示公正。

第五，在游戏结束后，教师要对学生的表现给予客观的、综合的评价。这有利于教师及时了解学生在学习中存在的问题并对其进行有针对性的辅导，从而促进教学质量的提高。另外，还可将评价结果反馈给学生本人和学生家长。

第六，在教学过程中注意分寸，保证学生的安全。

八、竞赛教学法

竞赛教学法就是通过组织教学竞赛进行体育教学。竞赛教学法注重对学生的体育运动技能进行实际考查，同时还应关注学生在体育比赛中的角色体验和学习如何与队友相互配合，并且能够促使学生调整和改善体育心理。本文主要研究了竞赛教学法在高校学生体能训练中的作用及实施策略。将竞赛教学法应用到高校体育课中能够有效地提高大学生的身体素质水平和综合素养，增强他们参加体育锻炼的积极性和主动性。竞赛教学法作为体育教学和其他学科教学相结合而产生的一种新的教学方法，在提高学生的身体运动素质、竞技能力及心理素质等方面具有重要意义，同时还能让学生拥有良好的社会性关系处理技能。

在教学中应用竞赛教学法需要做到以下几点：

1. 明确竞赛目的

以足球比赛为例，其竞赛目的为切实提高学生的足球运动技能水平。

2. 合理分组

每个对抗队之间的实力应不相上下。

3. 客观评价

客观评价学生在比赛中所完成的动作质量，并为其指出改进方向与途径。

体育教学实践表明：任何一种教学方法都是由多个环节组成的一个有机整体，每个环节又有其自身独特的优点与缺点，因此在不同阶段采用不同的教学方法是必要的，也是可行的。以上多种体育教学方法在运用时，要根据教学具体情况以及学生实际情况进行科学的选择，从而选出最优的教学方法或方法组合，继而推动良好体育教学质量与效果的持续提升。

第三节　现代体育教学方法

一、探究教学法

探究教学法（又称指导发现教学法）的核心原则就是充分发挥学生能动性，它以培养学生自主学习能力为主要目的，通过师生共同研究解决实际问题来达到掌握知识与技能的目标任务。探究式教学方法对于提高教学质量有着非常重要的作用，易于激发学生兴趣。在体育教学过程中，教师自觉地进行引导教学，使学生体验到教师精心设计的多种教学环节，带领学生逐步发现、探讨、解决问题。

探究教学法是以现代教育教学理论为指导，以新体育课程为基础，将主体性理念贯穿于整个体育教学实践过程之中的教学方法，能够有效提高体育运动教学的质量与教学效果。

探究教学法在体育教学应用过程中存在着一些问题，需要从教师的"教"和学生的"学"两个方面进行改进。以问题为中心，引导学生通过自主学习、合作交流等方式来掌握知识、技能及方法，提高综合素质与能力，达到培养创新人才的目的。探究教学法在课堂上的运用主要体现为分析教材中出现的各种现象，了解教材中各章节之间的联系与区别，掌握教材中的战术及攻防关系，理解教材中的技术要点等。在运用时需要注意以下几个方面：

第一，学生要提前预习教师要教的内容并从中找出问题，带着问题去学习。

第二，教师用指导语对所讲授的教学内容进行转化，为学生提供一些相关的观察结果和直观感知材料，让他们自己去解决在学习过程中碰到的难题。

第三，注重构建具体的教学环境，为学生的自主学习与探索提供条件。

第四，在教学结束后，教师应对教学结果进行分析，对学生的表现进行综合评价。

二、合作学习教学法

教师通过按照学生的学习能力和性别等因素，将学生分配到一异质小组中。教师经由各种鼓励小组成员间彼此协助，共同合作，这就是合作学习教学法。它不仅可以激发学生的积极性和主动性，还能提高教学效率和教学质量。以足球运动教学为例，足球作为一项集体性较强的体育项目，更适合采用合作学习教学法来开展教学活动。合作学习教学法帮助学生形成合作与竞争意识，有效促进学生在足球运动上的集体协作能力的发挥。

现代体育运动项目教学当中，很少有体育运动项目训练是学生独立参与完成的，即便是单人体育运动，也需要有同伴协助训练，单打独斗无法达到良好的体育训练效果，这就强调教师在带领学生在进行体育项目活动时要着重培养学生的合作意识与能力，提高学生之间的默契，营造良好的教学环境与氛围。

三、多元反馈教学法

新课程标准提出要关注体育教学中学生的主体地位，构建和谐师生关系。多元反馈教学方法是指在教学过程中，教师与学生之间在不同教学阶段采用不同的教学方法，以达到师生之间、学生之间的互动交流，从而提高课堂上教与学的效率和质量，增强教学反馈的及时性，它使整个教学活动得到优化。多元化反馈教学法的理论基础由建构主义学习理论、多元智能理论、人本主义心理学理论以及系统论思想组成。在教学过程中要充分调动学生学习的积极性、主动性和创造性，实现教学信息的多向传递，引导学生主动参与到知识学习中来，从而达到促进学生自我发展的目的。

多元反馈教学法是高校体育教学的一种有效方法。它既能提高教学效果，又有利于培养学生良好的学习习惯和终身体育锻炼意识，对促进大学生全面发展具有重要意义。但该方法也有其局限性，不能完全代替传统教学方法。应用多元反馈教学法时要注意以下几点：

第一，在教学中要注意师生之间的相互反馈，即在整个教学过程中，教师对学生的反馈和学生对教师的反馈都是十分必要的，只有这样，才能使学生真正理解教材、掌握知识，同时也能借助多媒体技术提高体育教学效果。

第二，教师应对所反馈信息进行科学的整理分析，以便于更全面地把握教学过程及结果。

第三，教师要对反馈的信息产生的积极与消极影响做出准确判断并及时反馈给学生，让他们更深刻地认识到自己的问题与不足，以便进行有的放矢地纠正，从而对教学过程和成果进行有效调控。

四、多媒体技术教学法

多媒体技术，是伴随着计算机信息技术的发展而获得发展的，多媒体技术应用于教学已经有较长的一段时间，且因其具有可嵌入度以及良好的交互性能而深受师生欢迎。多媒体技术的发展使得体育教学的教学手段更加丰富。将多媒体技术纳入体育教学，更多地应用于体育理论课教学。

相比于传统的教学手段，多媒体技术将与体育运动相关的录像、图片、flash动画等引入课堂教学，综合了学生视觉、听觉等多方面内容，在包括体育运动在内的体育教学中得到了广泛应用，教学效果良好。

目前，各种用于教学的多媒体设备、软件日益增多，越来越便携的输出设备使得学生在需要时可以观看视频或图片，手机、笔记本电脑、平板电脑的出现使得体育教学可以以此为核心设备来开展。

多媒体教学替代了传统课堂上的收录机、播音机、手鼓、节拍器等教学手段，使体育教学更加智能，并表现出集成性、便捷、生动、立体、交互、实时、长久储存等特点。

五、计算机网络教学法

在计算机网络教学中，凭借计算机技术以及网络通信技术的支持，能够实现体育教学更加生动的交互。在网络环境下开展高校体育教学改革是非常有必要的，能够促进我国体育事业的发展。计算机网络教学相对于传统课堂教学而言，具有一定优势，但也存在一些不足，需要合理运用。

现阶段，计算机网络教学已经成为我国高校体育教学中不可缺少的一部分，也是构建校园教学学习网络的重要手段之一。早期，网络论坛（BBS）是各大教育机构和研究机构经常使用的工具之一，随着当前各类校园网站的出现与发展，BBS 也逐渐成为互联网上进行教学的重要平台。这种新型的教学模式可以使体育教师与学生之间实现及时沟通。同时也有利于教师了解学生对知识的掌握情况，为教学改革提供依据。随着校园计算机网络建设的不断完善以及网络设备的多元化发展，构建起一个完整的综合性校园体育网络课程内容教学体系已势在必行。

与传统体育教学方法相比，以计算机网络为支撑的新型"教"与"学"交互平台中，教师与学生、学生与学生之间可采用在线交流、邮件、留言等多种方式进行沟通，这既有利于打破教学时间及空间的限制，又可提升教学维度并优化教学效果。

计算机网络教学与多媒体技术教学相比，具有更智能化的特点，教师所用教学资料与工具均具有数字化与集成化的特点，课程内容采用电子教材方式进行展示，开展网络课程教学时，能够实现网络即时模拟讲课与批改作业等功能，基于课内教学较好解决教学延续性，师生交互性更强，互动更方便，且凸显针对性、实用性与趣味性等特点。

目前，我国高校体育网络课程内容建设已初具规模阶段，但由于缺乏对教学特点的研究，还存在着一些亟待解决的问题：

第一，网络课程设计水平参差不齐，不能充分发挥其应有的教学功能。

第二，高校体育教学网络课程设计存在着"注重开发，忽视应用，管理工作存在疏漏"等问题。

第三，在校园网络上开设的学校体育教学专区有限。

第四，有些高校体育网络教学课程内容单一，质量粗糙。

第五，网络课程教室教学活动组织管理无序，线上线下活动融合不够，未完全实现师生之间的自由互动交流。

第三章 运动技能与运动心理技能综述

体育课与运动技能教学密不可分，脱离了运动技能教学就不可能上好体育课。因此在体育课堂教学中必须重视对学生进行基本运动技术和技能的训练，使他们掌握正确的动作要领、发展身体机能、提高身体素质和心理素质等。本章主要内容为运动技能与运动心理技能综述，共分为四节，分别是运动技能概述、运动技能与身体素质、运动心理概述、运动心理训练。

第一节 运动技能概述

一、运动技能分类

运动技能指有特定操作目标，涉及自主身体及肢体运动的技能。它包括动作技术、心理能力、身体素质和社会适应能力等多方面要素。这些要素相互联系、互相影响，它们共同构成了完整的运动技能体系，这就是运动技能学。运动技能在人的生活中占有不可缺少的重要地位，在日常生活、学习活动、生产劳动以及体育活动中的各方面都存在运动技能的应用。例如，日常生活中使用筷子、勺子，生产劳动中使用生产工具，学习活动中书写、手打文字，体育活动中进行各种比赛等。运动技能主要借助骨骼肌及其相应神经系统活动来完成器械操作或外在肌肉反应。以高尔夫球与跳远这两大运动技能为例，前一个运动技能主要表现在球与杆的运筹上，后一个运动技能则主要表现在外在肌肉反应上。不管用或不用器械，运动技能中始终都需要神经系统对于相关肌肉的支配。

运动技能复杂多样，科学地划分运动技能类别是开展这方面研究工作的先决条件。通过归纳总结国内外有关运动技能划分方面的研究成果，运动技能可分为动作技术和身体机能两大类。不同类型的运动技能具有各自特定的特点；运动技能的发展与人体形态结构有着密切关系。当前，得到广泛认可和使用的运动技能分类方法主要包括以下四种：

(一) 封闭性与开放性运动相结合的技能

运动技能按其技能操作环境背景稳定性特点可划分为封闭性运动技能与开放性运动技能两种类型，运动技能环境背景主要由个人操作技能支持平台、运动目标以及参与运动技能过程的其他个体构成。

封闭性运动技能环境背景特征是稳定的，运动技能的操作不会改变环境背景特征的位置。如固定靶射击、跳水、体操、游泳、跳远、标枪和高尔夫球都是封闭性运动技能。而开放靶射、投掷、足球等则属于开放性运动技能。从训练实践看，封闭性运动技能与开放性运动技能之间存在着一定的差异，前者比后者更容易掌握。但二者又有相同之处。当封闭性运动技能完成时，环境特征与技能操作程序几乎固定不变，环境与对手条件等因素不会使个体直接、快速、重复地调整运动。学习运动技能的关键是要不断地重复实践，直至形成一定的规律并自动达到规范标准，这就是"自我调控"理论，它强调个体能够有意识地控制自己的行为以适应环境条件的影响，并最终取得良好成绩。开放性运动技能环境背景特征具有不稳定性，表现为技能操作目标、支撑平台等总是在变化。在开放性运动技能完成过程中，运动者须随环境的变化适时做出相应的调整，相关的环境线索会直接影响运动者完成运动的时机与采取的动作。例如拳击、击剑和足球中的防守属于开放性运动技能。学习开放性运动技能要做到降低开放性或降低不可预测性，以便个体准确地掌握周围环境变化。

(二) 非连续性和连续性运动技能

运动技能按技能操作过程中的动作连贯程度可分为非连续性技能与连续性技能。

非连续性主要表现在运动技能起止十分明显且时间较短。通常是连续进行几个或更多的练习才能达到目的。如足球运动员必须反复地做一些基本技术的重复练习，跳远运动员也需要多次反复练习。非连续性运动技能的动作完成具有某种爆发性，比如铁饼、标枪和举重等。连续性运动技能主要表现为运动技能包括一个个动作且无确定的起点和终点。例如游泳、滑冰、跑步等等都属于连续性运动技能，它们能随意决定起点与终点，且表现方式都不同。非连续性运动技能与连续性运动技能之间有许多系列技能。系列技能中的运动操作是新型的、更为复杂的技能动作，以一组非连续性运动技能为纽带而形成的。但是它们也有自己特定的阶段或序列。因此，不同类型的运动技能各自具有特殊的训练模式和训练方法。在这一过程中，运动员必须根据自身特点选择适合自己的练习方法，例如三级跳远、跨栏和跳高等均属于系列技能。系列动作间的节奏是完成系列技能的关键。

（三）低策略性和高策略性运动技能

低策略性运动技能与高策略性运动技能的主要划分依据是运动技能实施时所需认知策略的数量。低策略性运动技能意味着动作自身的素质是决定技能操作成败的关键性因素，不要求操作者对技能动作具有很多的知觉与策略，例如举重、游泳、体操。其特点包括简单重复练习就能完成技能动作、具有较强的灵活性和适应性、不易发生损伤或受伤后恢复较慢。而高策略性运动技能，就是技能操作取得成功最主要的因素在于决策，即在何种条件下采取何种行动。以羽毛球比赛为例，每一个运动员都能掌握杀球、勾球、放网这些基本动作，但赢得比赛的关键是明白在哪些情况下使用哪些动作。大多数运动技能想要高度完成技能动作都需要技能决策的配合。

（四）小肌肉群和大肌肉群运动技能

小肌肉群运动技能与大肌肉群运动技能的划分主要依据是开展运动过程中所涉及的肌肉范围，以小肌肉群活动为主，具备细微、精巧特点的运动技能为小肌肉群运动技能，例如写字、刺绣、唱歌等；以大肌肉群活动为主的运动技能为大肌肉群运动技能，例如举重、跑步以及摔跤等都属于大肌肉群运动技能。两种运动技能之间因肌肉参与差异较大故相关性较低。

二、运动技能学习的理论

运动技能学习就是通过实践或体验导致动作行为发生持久性变化的过程。在这个过程中，个体会不断地获得新知识并形成新的认知能力和情感体验。研究表明，影响运动技能学习效果的因素有很多，其中动机、策略以及自我监控等都起着重要作用。关于运动技能学习过程中的作用机理，研究者们不仅相继从不同角度给出了各种理论上的阐释，而且这些阐释随着人类对自身认识的不断深化而逐渐完善。

（一）连锁反应理论

连锁反应理论主张运动技能形成过程可用"刺激—反应—公式"连锁反应系列来概括。运动技能的产生是一个复杂的过程，它包括了一个连续发生的连锁反应，即从第一个动作到第二个动作再到最后一个动作，其中任何一个动作都会影响到下一个运动动作的完成，从而使整个过程具有连续性操作的特征。如果将此原理运用于体育教学中，会对提高教学效果起到重要作用。这种效应不仅能使学生迅速掌握所学知识，而且还有利于培养学生分析能力和判断能力。在连锁反应理论指导下的实验研究表明，完成100毫秒以内的快速运动技能需要远远不止100毫秒的感觉反馈。并且连锁反应理论会将习得的运动技能定型化，不能解释多数运动技能的新颖性。

（二）信息加工理论

运动技能学习信息加工理论主要阐述了运动技能学习信息加工过程中涉及的加工装置、加工流程以及各个加工阶段的特征，并揭示了影响运动技能运行的内部组织性变量。有学者提出了一个新的闭环理论模型，通过不断地自我调整来实现对动作的理解与控制，并在此过程中获得对动作的本体感受以及习得性反应等信息。记忆痕迹和知觉痕迹是运动技能学习中存在的两种不同类型的学习痕迹，二者对技能操作有不同程度的影响作用，记忆痕迹是反应的选择和制动装置，知觉痕迹以反应生成性反馈刺激为基础，是技能操作留下的痕迹或表象。以往的研究多集中于运动员或教练员等特定群体，忽视了学生群体，也没有考虑到个体差异，因此需要建立一个新的框架来完善该研究领域。闭环理论模型模拟了人在信息的一般加工过程中对运动技能操作的认知过程，揭示了影响运动技能操作的因素——选择性注意、唤醒以及决策。

闭环理论模型以感觉输入为基础，通过知觉过滤、短时储存等环节完成对运动控制的调节，进而实现对运动输出的信息反馈。技能操作的信息加工过程一般分为三个阶段：刺激辨别阶段、反应选择阶段和反应编程阶段。刺激辨别阶段应判断有无刺激、刺激为何物，这一阶段的功能展现刺激的表象。反应选择阶段则根据不同的环境特点来决定具体任务。反应编程阶段的工作就是组织运动系统来实现期望的动作，而这一阶段的功能就是组织运动程序来最终控制运动输出，从而生成有效运动。

三、运动技能学习的特点

（一）运动技能是后天习得的

有些外显肌肉的简单反应或者非随意性反应，如眨眼反射、摇头动作等都不是运动技能，唯有后天学习且能够长久维持的动作活动方式才能称为运动技能，这种运动活动通常也被称为知觉运动技能，其作用机制是感知系统和运动系统之间要有紧密的配合。

（二）运动技能的自动化

运动技能通过低层次感知系统和运动系统之间的协调实践，逐渐发展为高层次的协调关系，高度完善后达到自动化。运动技能的熟练程度越高，自动化程度也就越强。以单手肩上投篮为例，熟练程度越高，投篮技术越完美，并且控制动作时意识的参与度越来越低。但是自动化并不是完全不需要意识的介入，而是意识介入得比较少，基本靠肌肉记忆。

（三）能量消耗的节省化

技能操作过程中耗费的能量随着运动技能自动化程度的提高以及运动技能的完善而越来越少。在学习运动技能的过程中，操作者一般由初学者向熟练者过渡，而初学者所耗费的能量比熟练者多得多。和运动过程相关的能耗分为三类：第一类是生理能耗，可通过检测练习者技能练习时的发热情况判断其生理能耗。第二类是机械能耗，可通过统计练习者新陈代谢情况判断其机械能耗。第三类是知觉能耗，是指练习者主观判断自身的能耗情况。

第二节　运动技能与身体素质

一、运动技能与力量素质

（一）力量素质概述

在运动生理学中，力量是指肌肉紧张或收缩时对抗阻力来完成运动的能力，它是身体素质的基础。发展力量的锻炼项目有举重、体操和各种器械联系等。在学习任何动作技能时，都需要克服一定的阻力（如重力、摩擦力等），因此，在运动技能发展与提高的过程中，力量素质的提高是不可或缺的。

（二）力量素质的表现形式

力量素质有多方面的表现形式。在竞技体育中，除了以身体形态为基础的各种身体素质外，还有一定数量的专项运动能力。力量素质具体包括最大力量、速度性力量以及耐久性力量。最大力量就是指单纯力量或者绝对力量。速度性力量指的是爆发力，而耐久性力量则说的是力量耐力。

最大力量，又叫最大张力或单纯力量，是指肌群在最大负荷下所能达到的能力。在体育教学和训练中，通常把这一指标作为评定运动员身体素质强弱及技术水平高低的重要参考因素。

速度性力量是以速度为基础的，因此速度性力量对运动员的身体机能有很高的要求。不但需要其发挥出较大的肌张力，还需要在短期内迅速收缩以实现最大功率输出。因此，它是一种能有效提高运动成绩的动力素质。其主要特点有两个：

第一，肌肉工作时间长，可达几小时以上。

第二，作用于骨骼肌时产生很大的阻力。

在此条件下，人的身体各部位所承受的力都会增加，而这种力又以加速度为主要形式表现出来——所谓的"爆发力"，它是人体在运动过程中产生的巨大能量。

耐久性力量是指在各种条件下保持和提高自身的力量或耐力的能力。在体育运动中，人们把这种力称之为"竞技力"，它主要包括肌肉、韧带和关节等方面的协调运作，也就是保持自己在某一力量水平下持续工作。

（三）发展力量的训练方法

力量训练的方法多种多样，发展力量的目的不同，力量训练的手段与方法也不同。

1. 负荷的性质

（1）等长力量练习

等长力量练习即静力性力量练习，使运动员克服不可能克服的阻力的练习，等长力量练习的力量可随意调节，如举杠铃可以轻推，也可竭力推。静力性力量练习对发展静力性力量来说是必要的，同时也有助于发展最大力量。

（2）等动力量练习

等动力量练习指需要借助专门器械——等动练习器练习力量。其特点是根据人体各部分肌群运动情况来确定各个部位的用力程度。通过等动练习，可以使肌肉产生更大的张力和更快的收缩速度。等动练习的目的是使学生在做动作的过程中，能充分地利用关节活动所产生的最大张力和最大力量来完成动作。

（3）超等长练习

超等长练习指在短时间内集中全身力量进行大幅度运动时采用的一种特殊训练方法。它的生理机制是牵张反射，为了培养爆发力，它要求在规定时间内完成一定数量和强度的动作，同时要求在短时间内使身体各部位得到充分的休息。

2. 负荷的强度

力量负荷强弱主要表现为阻力大小或者负荷轻重。根据运动项目特点和运动员身体机能状况合理地安排适宜的负荷量是提高成绩的关键之一。不同的运动项目对力量要求也不相同。力量训练的目的是能够承受一定的负荷。最大力量的百分数或竭力重复次数负荷重量的相对值是制定分级标准的依据。

负荷总量力量与负荷强度有关。在重负荷下进行适当的力量训练可以提高肌肉的功能性和调节作用，达到最大力量。在实际运动中，应根据不同项目的特点和需要选择适宜的方法进行专项力量训练。比如大运动量负荷训练是一种最常用的训练方法，它适用于所有类型的训练课程；轻负荷训练是指普通轻器械的训练，而轻负荷力量的训练重点是增加负荷节奏，它要求运动员在最大限度内完成训练，利用最大功率输出来训练爆发力。

3. 负荷的数量

负荷强度与练习的重复数呈负相关，如果负荷强度增大，那么就会减少练习的重复次数。不同强度与数量的匹配具有不同的作用。发展绝对力量，采用极限强度（90%以上），反复数1~3次的练习。采用较大强度（75%），快速、反复数6~8次的练习，主要是改善肌肉内协调能力，发展爆发力。

4. 负荷的节奏

采用练习的负荷性质确定之后，便是负荷强度、数量和节奏这三个基本相关因素的匹配。调节负荷节奏即完成练习的速度，它与负荷的强度、数量密切相关。应该指出，对运动员来说在完成练习时，任何负荷强度的练习，都应要求在主观上尽可能地以最快速度完成动作。

5. 负荷的模式

负荷有两种模式，一种为连续模式，一种为间断模式。力量训练一般采用间断模式实行间歇训练。在进行间歇运动时，选择适当的强度和频率间歇训练可使肌肉处于较好的活动状态，并能增加肌张力。同时也有利于肌纤维收缩力的提高。综合训练目标、运动员的训练水平、负荷的节奏以及发展肌肉的数量等因素，制定合理的间歇时间长短。

二、运动技能与柔韧素质

（一）柔韧素质概述

柔韧性指相关肌肉、韧带弹性及关节的活动范围，同时还与肌肉紧张与放松的协调能力有关。柔韧性在体育运动中具有重要作用。身体各部位运动都需要一定的力量和灵活性，只有具备了这些条件才能顺利完成各种复杂动作。而柔韧度又与速度有着密切的关系。体现柔韧性的动作包括踢腿、摆腿、压腿、慢劈、纵横叉、下腰等。柔韧素质是指人体关节活动幅度大，关节周围的韧带、肌腱、肌肉和皮肤等组织具有一定的弹性和伸展能力。运动员的柔韧素质直接影响其在比赛中的表现。

运动员的柔韧素质与运动技能之间存在着密切的关系：首先，柔韧素质直接影响完成动作的质量和效果，如果没有良好的柔韧性，就不能很好地完成各种复杂的动作，也不可能达到预期的目的；其次，柔韧素质对力量、平衡能力以及其他各个方面都会产生一定的影响，从而使动作不协调或不完整，起不到应有的互补作用；再次，柔韧素质不高会使一些优秀选手在比赛中难以发挥出应有的水平，给个人和集体都带来极大的损失。

另外，柔韧性不好也是造成损伤的一个重要原因。柔韧素质直接影响着技术动作的正常施展。柔韧素质对那些速度快、力量大、表现力强的运动有较大的影响，制约着运动员运动技巧的发展。

（二）柔韧素质的种类

柔韧素质分为以下几种类型：

1. 普通柔韧性

为确保普通练习顺利实施而必须具备的柔韧素质。通常包括肌肉关节的灵活性、力量性和协调性等几个方面,要求身体各部分之间协调配合。普通柔韧性是影响运动成绩的重要因素之一。以排球运动员为例,他们在进行速度练习时,应注意着重锻炼腿部的柔韧性。

2. 专项柔韧性

良好的专项柔韧性是提高专项体能与专项技术的基础,可以影响整个专项动作的生物力学结构。它既与身体运动速度有关,也与肌肉力量有一定关系。主要表征为关节灵活性,即关节活动范围及灵活程度。仍以排球运动员为例,在比赛中,其手臂和腰部等部位的柔韧性对比赛胜负起着至关重要的作用。

3. 主动柔韧性

主动柔韧性与关节及肌肉群有密切关系,主要表现在身体姿势和运动技术上的灵活性及协调性。主动柔韧性体现了对抗肌的可伸展程度。

4. 被动柔韧性

指被动用力时,关节所能达到的最大活动幅度,是在一定外力协助下完成或外力作用下表现出来的柔韧水平。

(三)发展柔韧素质的训练方法

练习柔韧性时,动作频率不宜太快,应主要采用中等或较慢的频率,这样能延长力对关节的作用时间,避免肌肉和韧带拉伤。

提高柔韧素质需要强大的意志力,在锻炼柔韧性时会有强烈的疼痛感,影响锻炼效果,若停止锻炼,虽然疼痛感会消退,但是柔韧素质的练习效果也会减退,唯有坚持才会有效果。在训练课中应该注意:进行柔韧训练和专项准备活动前,应做10分钟左右的热身运动,目的是提高肌肉温度、防止肌肉拉伤。由于柔韧性是人体各关节和韧带对外界阻力(如重量等)所产生的弹性形变能力,因此在训练时需要强调其伸展性、灵活性以及协调性。初期动作幅度不在限度内,后期逐步增加,直至达到最大限度。

柔韧性练习是进行力量训练时不可缺少的内容之一,它不仅能促进柔韧性的发展和肌力的增长,还可以扩大肌肉体积、增大关节活动幅度等。因此,要想获得良好的成绩，必须充分有效地利用肌张力，如果忽视了这一点，就会出现运动损伤，严重的会造成终生残疾。

柔韧性对身体机能和身体素质都有重要作用。柔韧素质的培养应从少年阶段抓起，要从小就注意对孩子进行柔韧性的训练和指导，使其具有良好的柔韧性。如果在这个时候没有得到有效的锻炼，就会影响到其今后身体各方面发育和运动能力的提高。因此，应对少年儿童进行有计划、有步骤地早期科学启蒙训练。关节韧带的伸展性在少儿时期就基本定型了，经过系统训练后可提高到一定水平，并能较好地适应各种活动和比赛，从而达到良好的柔韧素质。成年后要坚持锻炼来维持已经发展的柔韧性。

柔韧性练习要与放松练习相结合，在每一次伸展练习后，都要进行相反的训练，以增强供血供能机能，帮助伸展肌群得到放松与恢复。

三、运动技能与耐力素质

（一）耐力素质概述

人体长时间进行活动克服疲劳的能力就是耐力素质，主要分为一般耐力和专项耐力。耐力素质的发展途径有两个，一是增强肌肉力量，提高肌肉耐久力的练习；二是改善神经系统的调节能力，提高心肺功能。耐力锻炼项目有长跑、足球、游泳、爬山等。耐力是维持人体持续运动的能力，是人体健康和体质强弱的重要标志，在运动技能学习过程中需具备相应的耐力水平。

（二）耐力素质的分类

1. 根据氧代谢特征

（1）有氧耐力

有氧耐力是指在氧气充分供应的条件下，有机体长期坚持锻炼的能力。它是人体完成各种复杂动作和技能所需要的最基本条件之一。对体育专业学生来说，有氧耐力不仅影响其比赛成绩的高低，而且直接关系到今后能否胜任本职工作。因此，必须加强有氧耐力训练。有氧耐力训练是有目的、有步骤的活动训练，应选择适宜的运动负荷与训练时间。

（2）无氧耐力

无氧运动是指运动员在氧气供应不充足的情况下进行的运动。它包括无氧耐力和抗疲劳两个方面，其中抗疲劳又分为耐乳酸性和不耐乳酸性两大类。无氧耐力是人体长期供氧不足时坚持工作，从而形成的"氧债"现象。

2. 根据耐力素质的表现形式

（1）心血管耐力

心血管耐力是人体运动时利用循环系统确保氧进入细胞，支持体内氧化能量过程以及输出代谢残渣。心血管耐力是衡量人们的身体在长时间的运动过程中，以中至高的强度进行有节奏的动态活动能力。

（2）肌肉耐力

肌肉耐力是指人体长时间进行持续肌肉工作的能力，即对抗疲劳的能力。它是衡量一个人身体素质和技术熟练程度的重要指标之一，也是反映运动技术水平高低的一项主要内容。从生理学角度来说，肌力与速度一样，都是力量素质的组成部分。以排球运动员为例，在比赛中，除扣球和拦网外，其余时间都是以发球为主。支持这些动作持续运转的就是肌肉耐力，肌肉耐力是衡量一个运动员运动技能水平高低的重要指标。

（3）速度耐力

速度耐力即运动员从开始到结束一直以自身所能达到的最大速度进行运动的能力。

（三）发展耐力素质的训练方法

耐力素质练习有很多方法，每种方法又各具特点。它们之间既有联系也存在着区别。从训练学角度来看，不同方法的选择和应用必须遵循一定的原则，包括科学性原则、系统性原则、可行性原则以及针对性原则。在进行耐力素质练习时，应根据不同情况，如练习强度、持续时间、间歇时间及重复次数等，选择适宜的方法和手段当前常见的耐力练习方法如下：

1. 持续练习法

持续练习法就是在比较长的一段时间内（不低于30分钟）用较恒定的力度连续练习。它是一种科学有效的训练方式。其主要特点包括运动负荷可控制、重复次数多、运动量可控、对人体影响小、容易掌握等。持续练习法能促进大脑皮层神经过程的兴奋与抑制的均衡性，对心血管系统和呼吸系统有良好的调节作用，并且可提高机体的有氧及一般耐力。持续练习法的练习负荷量较大，但练习时力度很小且相对不变，通常保持在60%的幅度。练习使身体受到的累积性刺激相对于其他训练更加缓和。

2. 重复练习法

重复练习法就是在动作结构及外部负荷表面数据不变的前提下，根据设定的间歇要求在身体充分恢复时重复练习。它是运动训练中一种最基本、最常用的训练方法，对提高专项力量素质有良好作用，其特点主要包括重复性好、效果显著、简便易行等。重复练习法能促进机体对能量物质的吸收和利用，增强代谢活动，并可获得一定程度上的超量补偿，从而提高机体的有氧耐力和无氧耐力。根据具体任务和目的的不同，重复练习法每一次练习所需负荷量和强度可自行合理设定。

3. 间歇练习法

间歇练习法就是经过一组练习后，按严格指定的间歇负荷或者积极性间歇方式进行下一组锻炼，此时练习者的机体功能还没有完全恢复。间歇练习法与重复练习法的主要区别是间歇的时间与方式不同。重复练习法是以已恢复的间歇负荷或自由无规则的间歇方式来完成的，具有一定的消极性；间歇练习法对身体的刺激强度较大，多在机体未恢复的情况下采用积极性的间歇方式进行，这种间歇方式效果很理想，能够大大改善人体心肺功能及无氧代谢能力。这种训练方法既可以使训练持续地进行下去，又可缩短运动持续时间。因此它被广泛应用于竞技体育领域中。实践证明，间歇练习法是一种行之有效的力量恢复手段。

间歇练习法持续时间的长短和练习强度的大小之间相互对应，练习强度高则持续时间短，练习强度低则持续时间略长。间歇练习法可分为低强度间歇练法和高强度间歇练习法两大类。根据训练过程中力的变化规律，可将其划分为三种类型：无负荷量间歇练习；弱负荷量间歇练习；强负荷量间歇练习。间歇练习法的基本特点是重复次数少、速度快。练习目的不相同，所需的各种要素组合也不同。例如：在进行周期性项目训练时，应以发展一般耐力为主，适当增加中小强度的力量耐力，减少负重量；再比如练习时可以逐渐增加各次的练习强度（适合周期性短跑项目、举重项目）、增加反复练习次数（适合周期性长跑项目、举重项目、球类项目）、调节间歇时间（适合周期性长跑运动项目、举重运动项目）等基本因素来增加对运动员身体的刺激作用，落实超量负荷原则，使机体的机能得到大幅度改善。

4. 变换练习法

变换练习法，就是在调整各方面因素的情况下，不断重复练习。它是发展肌肉力量、速度等专项素质不可缺少的手段之一。在耐力练习中运用变换练习法可以激发运动员的练习兴趣，提高训练积极性。目前，国内外对这一课题已做了不少研究。但是，变换练习法在我国体育教学中还没有得到足够重视。

变换练习法通常根据练习者的任务与身体机能状况对练习形式、时间、数量、条件、间歇期、模式和负荷量等因素进行变换。运动员机体对各种不同组合类型的负荷刺激都会产生不同反应。这就是"变力做功"原理。如果在一定条件下发挥"变力做功"原理的作用，那么这种训练方法就能收到预期的效果。总的来说，变换练习法是通过变换运动负荷来达到目的的训练方法之一。变换练习法在一定程度上能增强运动员的练习兴趣，但在使用时务必要注意按照循序渐进的原则，各方面因素的转换开始时不宜过于突然，避免身体一下子无法适应而造成损伤。

5. 放松练习法

所谓放松练习法，就是利用游戏或者竞赛的方式来练习，它是一种积极有效的运动训练方法。其特点是：不受场地、气候等条件限制；运动量大，持续时间长；对身体各部位要求不高；简单易行。此法受到运动员的广泛欢迎，在练习时可以积极调动运动员的主观能动性，训练法中的娱乐性质使机体更能承受高强度的载荷，对增强有氧耐力与无氧耐力都有好处。

6. 高原训练法

高原练习法多是利用高原空气稀薄、缺氧的条件来练习。其特点是：身体处于低气压状态、运动负荷低、活动时间长。高原练习法有助于刺激人体、增强呼吸和循环系统的功能、增强最大吸氧能力、激发造血功能、增加循环血红细胞和血红蛋白含量、增强输氧能力等，所以高原训练法可以增强运动员承受氧债的能力，对有氧耐力与无氧耐力都有提升作用。

四、运动技能与速度素质

（一）速度素质的概述

所谓速度素质就是人体快速移动的能力，主要分为反应速度、动作速度以及周期性运动中的位移速度等三种类型。反应速度是指在发生突然情况时，能迅速做出反应的能力。例如，听到发枪指令后的起跑、足球守门员一瞬间的扑球防守。动作速度是指人体或人体某一部分快速完成某一动作的能力，例如，足球运动员比赛时每传球一次需要的时间、乒乓球运动员每发一次球所需的时间、跳跃项目的起跳速度和出手速度。位移速度是指人进行位移运动的快慢和方向。

发展速度素质的方法很多，可选择一些动作频率高和反应速度快的运动项目，如短跑、球类等。速度素质的发展水平很大程度上决定着运动成绩的高低和比赛胜负，是衡量运动员身体训练水平的重要指标。

（二）速度素质的分类

1. 反应速度

即机体对外界刺激反应的快慢。它反映了身体机能状态及运动能力水平，也是评价一个人身体素质好坏的重要指标之一。反应速度快，说明运动员对动作结构和动作节奏有较强的控制能力和应变能力。因此，拥有良好的反应速度对于提高成绩具有非常重大的意义。

2. 动作速度

指人体在快速完成单个动作或成套动作过程中所需要的时间。它是评价一个运动员技术水平高低的重要指标之一，也是决定其能否参加比赛并且取得优异成绩的主要因素。它由动作数量和动作速度两部分组成，二者之间存在紧密联系，想要提高动作速度，就需要在单位时间内完成尽可能多的动作数量。因此，一名优秀的教练员必须重视对学生动作速度的培养。

3. 位移速度

位移速度是在周期性运动中，单位时间内人体快速移动的能力。例如跑步（男子100米跑12秒）、游泳（男子100米自由泳1分02秒）等活动都是位移速度的表现。

（三）发展速度素质的训练方法

1. 结合专项需要

速度素质的练习应结合运动员所从事的运动专项进行。例如在排球运动中，动作复杂多变，要求运动员能在瞬间对各种复杂多变的情况做出应答反应。

2. 分解运动法

该方法是提高反应速度的有效途径，主要是指在简单的条件下，通过练习分解应答反应的动作来提高分解运动的速度。

3. 完善技术法

完善技术法是指在较复杂的情况下，通过提高动作速度来发展和完善各种运动技术。因此，要想取得好成绩，就必须重视和加强对技术训练的研究，须知动作幅度、运动距离、运动时间、用力部位等因素都会影响动作速度。

4. 结合力量练习

结合力量练习提高移动速度的途径之一就是发展力量，应重点培养爆发力。在实际应用中，应根据运动项目特点选择合适的训练方法和手段，结合专项技术进行不同强度的负荷练习提升移动速度。要注意克服负荷量过大产生的不利影响。在进行力量训练时，应根据运动员的身高、体重等条件选择适宜的负重和力量练习，以达到提高速度力量和增强移动速度的目的。

5. 放松训练法

放松训练法通过降低内阻力、增加肌肉合力来提高速度素质。当身体处于过度紧张状态时，容易引起疲劳和运动损伤，从而影响机体的正常活动，无法完成训练任务。因此，在保持适当的紧张感的同时正确掌握放松方法是十分重要的。生理学研究证实，当肌肉紧张度达到一定程度时，运动就会失去协调性，原有的快速能力也不能得到充分发挥。

五、运动技能与灵敏素质

（一）灵敏素质概述

灵敏是指人体对于微弱的刺激能够迅速作出反应来，这种能力不仅和神经系统的反应有关，而且还和力量、速度和协调性等因素有密切联系。灵敏素质是指在一定条件下，人体在各种突然的变化下，能够迅速、准备、协调地完成动作的能力，它广泛存在于体操、武术、球类等项目之中，是运动员运动技能及各方面品质在项目上的综合反映，也是一项比较复杂的素质。运动员要想在激烈的比赛中取得优异的成绩，就必须具有较高的灵敏性，这是一项重要的运动能力。在排球运动中，我们经常会看到"鱼跃救球手"的身影，以及运动员对"空间感"的掌握都需要灵敏素质。一个人只有具备了足够强的灵敏性，才能保证身体各部位协调地进行工作，使动作更加连贯而准确；如果灵敏度差，则容易发生错误的技术动作，影响比赛成绩。因此，不具备较好的灵敏素质就很难在运动技能上达到很高的水平。

（二）发展灵敏素质的训练方法

灵敏素质是人体综合能力的反映，受遗传因素的影响很大。体育学者认为，所有运动员都应不断学习本专项和其他专项的新技能，否则协调（灵敏）能力以及进一步学习的能力就可能下降。发展灵敏素质需从专项特点出发，综合发展爆发力、反应力和速度。

1. 与运动技能目的性相结合

不同运动项目所需要的灵敏技能不一样，要想取得好的训练效果，应将其与专项训练密切结合起来。

2. 结合技术进行训练

以排球运动为例，排球运动员在比赛中经常会做出鱼跃、滚翻等动作，而这些动作都需要具备一定的灵敏素质才能完成。另外，排球运动员在训练运动中要特别重视前滚翻、后滚翻和侧滚翻以及鱼跃等动作的练习，从而提高排球运动技能。

3. 与反应判断训练相结合

反应可分两种类型，一是对于将要进行的运动具有提前预知、做出规律性运动反应的行为，即单纯反应；另一类则是在实际运动过程中出现了错误或不规范的动作时的反应，这种现象称为混合反应。单纯反应和混合反应都能提高运动员灵敏素质，反应的灵敏性越高，越容易做出复杂反应，复杂反应的练习比单纯反应更重要。

4.与爆发力训练相结合

爆发力是力量和速度共同作用的体现，因为在灵敏性动作表现中具有重复启动、制动和再启动等环节，所以较好的爆发力对于提高灵敏素质特别重要。

第三节　运动心理概述

运动心理学是一门年轻的交叉学科。它一方面研究人们在从事运动的整个过程中受到哪些心理因素的影响；另一方面探讨运动作为人类社会实践的一部分，会对参与者的心理产生怎样的影响。所以，在学习运动心理学时，需要始终将身体活动与心理活动之间的交互作用作为理解问题和思考问题的关键。

一、心理与心理学

首先要对人类"心理"有一定的了解。对于许多人而言，"心理"是一个经常使用但又充满神秘色彩的概念，事实也的确如此。这一概念和"灵魂""心灵"等词汇一样，反映的是人类精神层面的内容。人类精神层面的内容非常丰富，且具有多样性（如宗教的、哲学的、文化的等），所以"心理"一词更能反映人们通过科学途径了解自身精神世界的愿望。

（一）心理的内容

在当代心理学知识体系中，"心理"一词即心理活动，又称作"心理现象"。而心理学则是一门研究人类社会生活各方面以及与之有关的各种心理现象及其规律的科学。心理学属于社会科学范畴，它是以人的心理为对象进行系统研究的学科。

1.心理过程

心理过程是指人们心理活动的发生、发展过程，即当客观事物对人们的大脑产生影响后，大脑对客观现实在特定时间内所进行的反映过程，同时还包括对心理事件进行互动、改造的加工过程。心理过程可用"认知、情感、意志"来简单概括，可划分为认知过程（认识过程）、情感过程与意志过程，其中认知过程又可分为感知、记忆、想象、思维四个阶段，而情感过程则包含了情绪体验、态度形成两个方面。意志过程又可以细分为计划行为与自我控制能力两部分。在现实情境下，认知、情感与意志三大过程互相作用、紧密联系。

认知过程（认识过程）包括感觉、知觉、记忆、思维、言语等几个环节。在这一过程中，各种感官起着至关重要的作用。其中，感觉是人们认识世界的开端。五官是人类感知外部世界的器官系统，也是最基本的感觉系统。我们从感觉中获得了事物个别属性（如色彩、明暗、声音、味道、形状、软硬等）的信息。经过大脑对这些基本信息进行分析加工，形成概念并产生语言。这就是人类认识活动中最基本也是最重要的一个环节——知觉。知觉是人们对外界刺激所产生的各种感觉信息的总和。知觉分为直接知觉和间接知觉，其中直接知觉即感觉。知觉所体现的是事物发展的整体关系，例如一辆车、一栋房、一场激烈的竞赛以及一群热情高涨的听众。另外，因为感觉与知觉同时发生，所以又被统称为感知。

记忆是人脑对经验过事物的识记、保持、再现或再认，它是进行思维、想象等高级心理活动的基础。感觉系统是人们对周围世界进行观察和记录的工具。人只能知道自己所熟悉的东西，而不能掌握不知晓的东西。人类在与外部世界打交道时，首先使用的就是语言，其次才是视觉、听觉等其他感觉器官。人类对世界的认识，显然不单纯是通过感觉、知觉来提供，还可以通过思维来总结世界的规律。思维指的是人们通过对已有的知识经验进行加工处理而获得间接的、概括的认识，从而了解事物本质及其规律的过程。人在认识客观事物时，会有一个从感性材料上升为理性认识的过程，即形象思维或逻辑思维。人作为一个基本粒子在宇宙中运动着，因为每个人的生存环境不一样，所以，他所拥有的物质、能量、物质的组成成分以及它们之间的相互作用等方面的信息都是不同的，这些信息就构成了我们这个星球上各种物质的化学成分。正常成年人的思维与言语活动之间存在着密不可分的关系：一方面，言语是一种思维工具；另一方面，人又能通过言语将认识活动的结果同别人进行沟通，接受别人的经验。人脑在创造新形象时，离不开想象。在史前人类社会中，人们就已经开始了对"外星人"的探索活动。

情感过程是人们对客观事物采取什么态度的过程。人们在认识客观事物时，不是冷漠无情、无动于衷，而总是带有某种倾向性，表现出鲜明的态度体验，充满着感情的色彩。因此，情感过程是心理过程的一个重要内容，也就是人与动物相区别的一个重要标志。根据情感色彩的程度可将情感过程分为情绪、情感和情操三个层次。意志过程指的是人们在其活动过程中确立目标，并按照计划不断清除障碍，努力去实现这一目标的心理过程。

2. 心理状态

心理状态指一定时期内人们心理活动的程度，它是人们的心理活动经过信息加工后所表现出来的一种比较稳定的状态。它表现为积极向上的或消极悲观的情绪。反映了人们对客观事物是否符合自己需要而产生的态度或体验。从心理学角度讲，任何一种行为都有其特定的动机和目的，不同的心理状态对人的心理活动有着重要影响。对同一件事物，不同的人有不同的心理状态和心理活动。这种情况在体育运动上尤其明显，有的运动员在参加重大比赛时取得的成绩与平时训练的成绩天差地别，其原因就在于比赛与训练的心理状态不同，因此，需要对运动员比赛时的心理状态加强培养。

3. 心理特征

（1）个性心理特征

个性心理特征就是表现人的个别差异的心理现象。人们受先天因素、生活条件、教育影响以及在实践活动中形成的个人特征等方面的限制，形成了个体差异。个性是指一个人在一定时期内所表现出来的稳定而持久的特点或倾向，它反映了个体心理的某些方面，属于个体的个性特点。心理现象所表现出来的兴趣、能力、气质、个性等方面的内容统称为个性心理特征。比如每个人兴趣的广泛性和稳定性都不同。每个人的观察能力、注意力、记忆能力、想象力、思考能力、表达能力、运动能力也各不相同（图 3-1）。如果把它们作为一个整体来加以研究分析，就会发现它们之间有着十分密切的联系，即在一定程度上存在着共同规律。

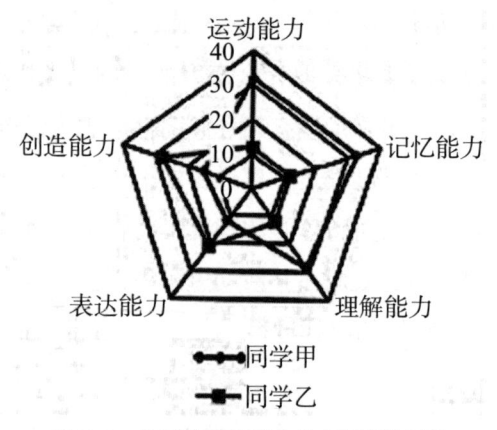

图3-1 不同个体的能力分布具有差异性

（2）个性倾向性

个性倾向性是指人所具有的意识倾向，它决定人对现实的态度以及对认识活动对象的趋向与选择，决定人追求什么、什么对他来说是最有价值的。个性倾向性是人们从事活动的基本动力，主要包括需要、动机、兴趣、理想、信念、价值观和世界观等心理成分。需要是人在生理上和心理上的某种失衡状态，是引起个体进行活动的基本原因。人有各种需要，例如生理需要、安全需要、交往需要、自尊需要、成就需要等。这些需要是人类活动的原初动力。动机是指推动人的活动，并使活动朝向某一目标发展的内部动力。例如，一个人希望成为科学家，并以自己的努力为祖国的科学事业做出贡献，这种内部的动力会成为推动他学习和工作的动机。动机的基础是人类的各种需要，与需要密不可分。价值观是一种渗透于人的所有行动和个性中的支配着人评价和衡量好与坏、对与错的心理倾向性。价值观的基础也是人的各种需要，如果说需要是个性倾向性的基础，那么价值观则处于个性倾向性的最高层次。价值观制约和调节着人的需要、动机等个性倾向性成分。个性倾向性是在社会实践中形成、发展和变化的，它反映了人与客观现实的相互关系，也反映了一个人的生活经历。当人的个性倾向性成为稳定而概括的心理特点时，就构成了个性心理特征。

上述心理内容的三个部分之间是紧密联系和相互作用的关系。应该把它们视为一个有机的整体，它们共同影响着人的行为。心理学家将它们进行划分，只是为了方便描述和理解人的心理这一复杂的现象。

（二）心理的来源

如图 3-2 所示，人的心理现象的内涵十分丰富，并且在每个人身上都有不同的体现。因此，对这种复杂而独特的心理过程进行研究是十分有意义的。关于人体心与身相互联系的学说最早可追溯到我国春秋战国时期，在中国古代的性情思想中，人与人之间的关系主要是通过人的各种器官来体现的，在《黄帝内经》以及其他与医学心理相关的著作中，对于"心之官则思""神形合一""形神相印"等理念都有大量的论述与运用。

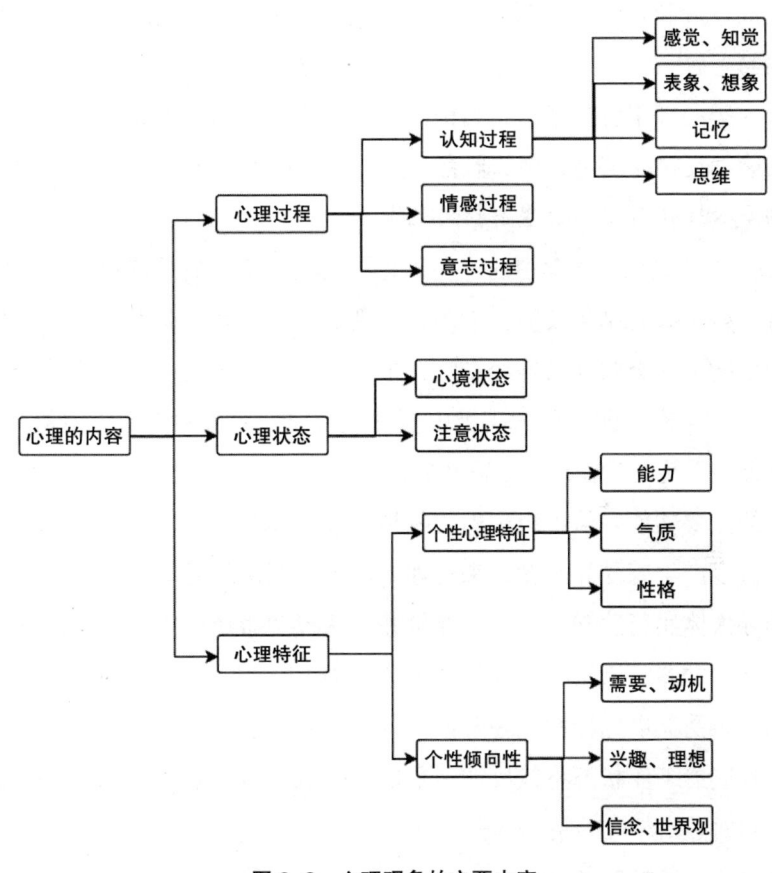

```
心理的内容 ──┬── 心理过程 ──┬── 认知过程 ──┬── 感觉、知觉
             │              │              ├── 表象、想象
             │              │              ├── 记忆
             │              │              └── 思维
             │              ├── 情感过程
             │              └── 意志过程
             ├── 心理状态 ──┬── 心境状态
             │              └── 注意状态
             └── 心理特征 ──┬── 个性心理特征 ──┬── 能力
                            │                  ├── 气质
                            │                  └── 性格
                            └── 个性倾向性 ──┬── 需要、动机
                                              ├── 兴趣、理想
                                              └── 信念、世界观
```

图 3-2　心理现象的主要内容

而在西方，关于心理来源的争论也一直没有停止过，长期以来都存在着诸如"人的精神与躯体是联系的还是独立的？""思想与观念是与生俱来的还是后天经验所致的？"等问题。如表 3-1 所示，大致反映了西方一些哲学家和思想家关于上述问题的态度。

精神与躯体是相互联系的	精神与躯体是相互独立的	人有些观念是与生俱来的	心灵像一块白板
古代希伯来人	苏格拉底	苏格拉底	亚里士多德
亚里士多德	柏拉图	柏拉图	洛克
奥古斯丁	笛卡尔		

表3-1 西方早期关于心理来源问题的争论及代表人物

有关心理来源问题的思考与争论在人类文明历史中从来就没有停止过。随着人类社会的发展和科学的不断进步，人们关于心理的来源逐渐有了更加系统和科学的观察与理解。

对于人类心理来源的说法，目前的辩证唯物主义的心理观念认为心理是对客观现实的能动反映，脑是心理的器官，而心理是脑的机能。

1. 脑是心理的器官，心理是脑的机能

现代生物科学与心理学中的许多研究早已经证实，脑是控制、产生心理的最主要器官。科学研究结果表明：大脑是心理的产生器官，在大脑中存在着两种不同类型的结构，一类叫高级神经系统，主要由神经元构成；另一类叫前皮层，主要由神经纤维组成。前者称为高级中枢神经系统，后者称为低级中枢神经系统。经过大脑神经系统的运作产生了高级物质——意识。

大脑的主要功能是从下级中枢接收神经冲动并在大脑皮层相关区域内诱发神经元兴奋，以产生感受和刺激，来管理人体各个部位的活动，由大脑皮层分析器活动来诱导人体实行感知、联想、评价并下达行动命令等功能。经过脑的分析与合成活动将感觉器官所接收到的信息传达到中枢时，中枢能够根据信息源的含义积极地调整感受器以选择性地理解该信息源。由中枢发出的命令来诱导效应器工作时，该效应器工作状态将被反馈到中枢。中枢能够根据该效应器所接受到的信息源的不同而做出相应的精细调整。

2. 心理是对客观现实的能动反映

现代心理学指出，人脑要发挥自身的复杂心理机能，就要受客观现实的支配，使客观存在变成主观心理。如果把人脑比喻成一个"加工厂"，客观存在就是工厂里的"原材料"，没有"原材料"，大脑这个"加工厂"就失去了作用。因此客观事物对人脑的影响是通过人的反映机能来表现的。客观存在限制了人们心理发展的方向、速度以及可能达到的程度。人的心理是在一定的客观条件下产生的，因此人的心理反应也是客观存在的。所以说，存在决定意识，认识离不开客观对象。但客观事物又不是绝对静止不变的，它总是随时间变化而发展着。人脑也不可能永远处于最佳状态。人的心理现象受自然环境和社会环境的双重影响。自然环境主要指花草树木、天地山川等，而社会环境则包括政治、经济、军事、科技、教育、法律、习俗、文化传统以及人际关系等等。相对来说，社会环境对于人们的心理具有决定性意义。

人类心理是在一定的客观条件下形成的，它与客观存在密切联系，具有相对稳定的特点，表现为主观能动反映，而非被动刻板反映。心理对客观存在的认识过程是一个复杂的过程，受一定条件的制约。每个人认识世界和改造世界的能力是各不相同的。例如：对于教师所讲述的知识，每一个学生都有不同的感悟与收获；大家在商场上对于同一物品的偏好，也会有很大不同。这些现象都表明，人们心理的客观性表现在内容、来源以及产生的方式等方面。但是就生成心理的主体——人而言，由于每个人所具有的知识经验、生活经历、世界观以及个性特征等方面的差异，加之身处的环境不同，会表现出不同的心理状态和心理活动，带有浓厚的个人色彩，因此，人们对客观事物的认识往往带有强烈的主观性。

人与世界是一个既相互对立又相互统一的整体，人对世界的认识过程实际上就是人认识自己的过程，即从认识自己到认识他人再到认识自我的过程。心理学研究表明：人们在认识客观事物时，总是先从自己已有的经验出发，然后才把这些经验上升到理性认识。这就是人们在观察和思考中产生的一种心理过程。正是由于人具有强烈的目的性、计划性和创造性等特点，才使人类心理与客观世界保持密切的联系，发挥了巨大的能动性。

这种能动性表现为人们对自然界的认识和改造。这种思想在马克思、恩格斯那里得到了充分论证，他们认为，人具有认识世界和改造世界的能力，具有创造物质财富、精神财富以及改造社会等方面的主观能动性，具有自我实现的可能性。人的"自由意志"是在社会实践中产生和发展起来的。因为有了社会实践经验的累积，人们才会通过对思维进行抽象和概括，深刻地反映出事物发展的实质和规律。只有把握事物的本质和规律，人们的行为才会变成自觉行为，继而发挥积极的能动作用。

（三）心理的功能与意义

从宏观上来看，可以从哲学认识论以及物质与意识之间关系等问题的讨论中理解心理对人类认识世界和改造世界的重要作用。而在微观层面上，每个人的心理活动都与其行为密不可分。可以说，心理是理解个体行为特征与规律的必经之路。这里所说的行为既包括外显的骨骼肌运动，也包括内在的生理变化和心理变化，是有机体在外界环境刺激下引起的反应。S—O—R 是一个典型的行为模式。S 代表刺激，O 代表有机体，R 代表行为反应。心理学正是从微观视角对心理与行为的关系进行研究的一门学科。

（四）心理学的知识体系

心理学是研究人和动物心理现象、精神功能与行为的科学，是一门理论与应用并重的学科。

人们很早就对心理现象的表征、特点以及规律进行了深入研究。早在 1879 年，生理学家冯特（Wundt）在德国莱比锡大学建立了世界上第一个心理学实验室，使心理学从哲学和生物学中独立出来，成为一门独立的学科。此后几十年间，世界上许多国家相继成立了不同层次的心理科学机构或组织，并开展各种形式的研究工作。随着现代自然科学、社会科学及人文科学的发展，心理学也取得了巨大的成就。不同于以内省思辨为基础的传统哲学，心理学用实证主义方法研究人的心理现象及其规律，即一切知识都是在意识经验的基础上通过观察和实验而产生的。经过一百多年的发展，心理学已形成一个庞大而复杂的学科知识体系，成为一门独立的学科，并在许多基础研究领域和社会实践活动中发挥着重要作用。

当代心理学研究领域已涉及人类生活的各个方面。其中有一个非常重要的分支就是社会心理学，它是心理学与社会学交叉而形成的一门新兴学科。社会心理学主要包括三个方面的内容：个体社会行为、群体社会行为和组织社会行为。这些支系从性质上可分为两大门类：一是属于心理学理论研究范畴，以多种方式和手段探索心理活动基本规律；二是心理学实际应用范畴，探索如何把心理学应用于生活实践的不同方面。

1. 心理学的理论领域

（1）实验心理学与认知心理学

实验心理学是在科学实验方法的帮助下，对科学心理学早期发展过程中那些传统的核心课题进行研究的一门学科，包括但不限于感觉、知觉、学习、动机与情感等，是现代科学研究不可缺少的工具之一。实验心理学的任务主要有两个：一是探索人类心理的本质及其运动变化规律；二是揭示心理学基本理论及原理。实验心理学的实验设计较为复杂，人们要在一定的条件下利用适当的刺激来引出预期的动作，从而进行观察并统计分析结果。认知心理学接近实验心理学，它研究的是人类高级心理过程，对诸如记忆、推理、信息加工、言语、问题解决、决策以及创造性活动等进行研究，以科学实验的手段来探索内部心理活动的规律，对实验设计有严格要求。

（2）人格与社会心理学

社会心理学是指研究个体和群体在社会相互作用的心理和行为发生及变化规律。它包括态度、动机、情感、情绪、意志等主要课题内容，尤其关注心理对建立良好的亲密关系和集体行为的影响。研究成果主要集中在人际交往方面。人格理论是社会心理学研究的重要领域之一，它包括两个方面：一是人格发展的过程；二是人格结构及其特点。这两方面都涉及有关心理活动的基本规律。人格心理学是研究个体所特有的心理特征及个体行为稳定性特征的一门学科，它还探索人格形成过程中的各种影响因素，对人格特征加以衡量、评价与训练。

（3）发展心理学

发展心理学是研究心理产生和发展规律，它通常是以人类生活的全部过程为对象来探索人类不同发展阶段所表现出来的各种心理特点。从狭义的角度来说，它主要指儿童时期和青少年时期的心理特点；从广义的方面来看，它还包括成年期以及老年期的心理特点。总的来说，发展心理学在着重研究儿童期心理特点的同时，对于青春期、成人期以及老年期的心理特点亦进行了广泛研究。

（4）心理测量学

心理测量是指行为与能力测量，一般采取心理测验的方式对心理特性进行量化研究，体现了科学的进步。但是心理测量不可能直接完成，而是通过间接方式完成，难度自然较大，所以对测验的设计与方法的运用提出了不小的挑战。从心理学发展来看，心理测验也经历了一个漫长而复杂的过程。目前世界各国普遍采用的测验主要包括认知测验、个性测查和社会适应测量三种形式。

（5）生理心理学

生理心理学研究的是遗传因素如何影响行为，同时研究大脑、神经系统、内分泌系统等生理功能及生物化学因素所发挥的作用。人的心理活动受大脑皮层的控制。大脑是一个复杂而又精细的器官，它由许多神经结构组成。现代科学技术发展为脑功能研究提供了更有利的条件，例如采用核磁共振（NMR）、脑成像技术等，使认知心理学中某些重要领域研究的进展大大加快。

2. 心理学的应用领域

（1）临床心理学与咨询心理学

心理障碍者的评估、诊断与治疗，轻度行为与情绪问题的解决都属于临床心理学的范畴，其主要的工作内容包括执行心理测验以及提供集体或者个体心理治疗。其中，以心理咨询为代表的临床心理学是应用最广泛的一种方法。随着我国社会经济水平的提高以及人们生活质量的改善，咨询业在国内也得到了迅速发展。咨询心理学近似于临床心理学，两者最大的不同是咨询心理学所面临的心理障碍者的症状比较轻微，需进行确诊，更具指导层面。

（2）教育心理学与学校心理学

教育心理学在心理学中占有重要的地位。它主要包括两个方面的内容：一是研究人的心理现象及其发展变化规律；二是研究教育活动中人的心理规律以及影响因素。这两者都是教育学理论中不可缺少的组成部分。教育科学认为，在教与学的过程中要遵循人的生理和心理规律，提高教学水平，加强师资培训，重视学业考试，做到因材施教，培养学生的健全人格和创造力。学校心理学家一般供职于中小学，为在校期间有学习困难、适应困难或者其他问题表现的学生提供诊断及咨询服务，帮助学生父母及老师处理学校的相关问题。

（3）工业与组织心理学

工业与组织心理学在工业、企业、组织机构中的作用主要表现为：它是人们认识客观世界和改造主观世界的理论支持。心理学作为一门独立学科发展至今，已成为人类社会不可缺少的一个组成部分。在各行各业得到广泛的运用。例如，厂房在进行设备安装及产品质量设计时考虑人性化因素，能更加有效地促进生产和提高效益；为人事部门选拔并安置人才以及人力资源的合理使用等各项工作奠定基础；企业采取有效措施调动职工积极性、协调职工上下级之间的关系，不仅能提高生产力，也可以增加员工满意度，为企业树立良好的品牌形象，这些均与心理学的运用密不可分。

（4）广告心理学与消费心理学

广告心理学是研究怎样向消费者传递产品信息，从而较好地诱导消费者进行购买行为的一门学科。广告心理学作为一门新兴的交叉学科，涉及社会学、经济学、哲学等方面的内容。而消费心理学是以社会大众消费行为为研究目标，对消费动机、购买行为以及影响与推动消费行为的因素进行研究。

（5）法律心理学与犯罪心理学

从内容上看，法律心理学与犯罪心理学有所重叠，两者都以司法程序犯罪动机、犯罪行为以及犯罪证据可靠性为研究对象，例如，我国最近几年出现的测谎行为就属于这一分支研究的范畴。但两者仍存在着许多差异，其理论基础也不尽相同。法律心理学侧重于实证分析，而犯罪心理学则偏重于规范分析。两种学科都重视人的心理活动及其规律。现行法律心理学和犯罪心理学也都涉及纠正和引导犯罪者的行为问题。

（6）运动与锻炼心理学

运动与锻炼心理学主要研究在体育运动和锻炼健身等情境中参与者的心理活动特征与规律。它的研究内容一方面涉及各种身体活动对参与者可能产生的心理效应，另一方面包括个体心理因素对身体活动的表现和坚持性等的影响。

随着心理学科的不断发展，心理学的分支在不断地丰富，新兴的学科分支层出不穷。

二、运动心理的作用

（一）运动心理在竞技体育中的作用

运动员取得优异的运动成绩与成功是同义语，运动员都希望在参加比赛时能有进步，成绩有所提高。然而，初学者和年轻的运动员比杰出的和已经获得冠军的运动员有更大的潜力去取得进步，年轻运动员运动成绩的提高会更明显，潜力是随着运动员运动成绩的提高而逐渐减少的。针对高水平运动员的研究证明心理学对运动成绩的贡献是十分重大的，因此，心理学为竞技体育服务的问题受到了一些运动心理学家的重视。

运动心理学就是在体育运动这一特定条件下研究各种心理现象产生和发展规律的一门学科。它主要考察赛前、赛时、赛后三个阶段运动员的心理活动过程及其相互关系。其中，赛前阶段为"准备"阶段，赛时会产生明显的心理障碍，而赛后心理状态又会恢复到正常水平。运动员要想取得优异的成绩，不仅需要有良好的身体和心理素质，还必须具备良好的心理调节与控制自己情绪状态的能力。同时，运动心理学帮助教练员以更科学、更全面的训练方法培养运动员。例如，有的运动员训练很努力、很刻苦，平时的技术水平也不错，但一参加比赛就失败。出现这种现象的原因不是体能差，也不是技术问题，而往往是运动员的心理上出了障碍，比如害怕失败、恐惧对手或对自己的比赛结果抱有过高的期望而影响了注意力等。运动心理学家能够帮助这些心理状态不佳的运动员，使他们懂得如何运用科学的、积极的态度和正确的思维来控制自己的情绪，懂得如何增强比赛信心，从而更好地调动身体潜能，发挥出更好的技术，更好地把握成功。

如今竞技体育快速发展，赛场上的争夺愈演愈烈。为了提高运动成绩，教练员们不断地探索着新方法、新手段，其中最重要的一条就是重视心理因素的作用。为了提高运动成绩，增强运动员的体力和技能，越来越多的人认识到科学化训练已成为现代运动训练的重要手段之一。运动员要想在比赛中取得优异的成绩，除了具备良好的身体素质外，还必须有一个好的心态，这就是心理学家所说的"良好的心态比技术更重要"。在竞赛场上，当运动员面对强大对手时，他们往往会表现出过度自信、过度紧张等不正常的情绪和行为，而这些异常的情绪和行为不仅影响到了自己的实力，还可能对他人产生不利影响，从而造成其心理失衡，最终导致技术发挥失常。由此可见，在外显的运动行为较量背后其实隐藏着更强烈的内隐心理活动制衡。由于心理因素在运动员成功过程中起着越来越大的作用，所以如何应用心理学理论与方法去训练与提高运动员心理能力，从而促使训练水平更快地提高，确保在比赛中技术战术水平得到充分发挥，就成为目前广大教练员和运动员亟待解决的一个重要课题，这也是摆在我国运动心理学工作者面前的一个重大课题。

体育强国都十分重视运动员的心理咨询与心理训练工作，并把它作为发展运动心理学的一个重要方面。尤其是随着现代体育运动水平的不断提高，日趋激烈的体育竞争对运动员的心理素质要求越来越高,这就迫切需要我们去深入研究和探索适应时代需要的运动心理特点和规律,建立适合我国国情的运动心理品质培养体系。美国著名运动心理学家兰德斯(Landers)教授运用生物反馈技术对射箭及射击运动员进行了系统的心理训练,在国际运动心理学界产生了较大影响。加拿大著名的心理学家奥里克(Aurik)博士长期担任我国各级运动队的教练和教师工作,他在心理咨询及心理训练应用研究方面积累了丰富的理论与实践经验。瑞典心理训练在国内颇为盛行,不只是运动员,许多中小学校都将心理训练列为中小学生必修科目。1991年国际心理训练学会在瑞典成立,这充分说明心理训练作为人类一种高级技能的培养途径已经进入了一个新的历史时期。

在中国,运动员心理训练的应用研究起步于20世纪80年代初,发展非常迅速。几十年来,高水平的国家运动队,如田径、体操、跳水、举重、羽毛球、乒乓球、排球、击剑、划船、射击、射箭队以及冬奥会的部分国家队等20多个运动队的部分运动员都先后接受过心理咨询和心理训练,并取得了可喜的成果。该项工作也愈来愈受到广大教练员和运动员们的欢迎。近几年来,一些运动心理学工作者总结了多年深入运动队应用研究的实践经验,出版发行了多部专著。这表明我国运动心理学的应用研究水平已经大幅度地提高,而且这些著作作为广大教练员和运动员走向成功之路的良师益友,也正在创造着重要的社会价值。

竞技体育的竞争性是极为显著的,参加比赛就是为了证明运动员的综合实力。竞争对机体的影响力量根本不在于表象而在于内心,唯有内心具备强大的精神力量才会外化为超群出色的外在表现,在运动场中体现为"速度更快、高度更高、力度更大"。体育竞赛不仅可以检验人的意志和勇气,而且还能反映一个国家、一个民族的精神风貌。有些表面坚强但内心软弱的选手,会产生很多消极情绪,如害怕强者、不自信、过度挑剔环境等等,常常会在竞争的紧要关头承受不住精神上的压力而首先在心理上败下阵去,和成功失之交臂。实践证明,成功者在压力之下、艰难之中、逆境之中的表现更出色。所以要提升运动员在重大比赛中的心理状态,并不是在客观上降低运动员的压力,而是要提高他们面对压力和处理困难的能力。敢于挑战压力、敢于战胜困难是一名优秀运动员应有的心理素质。

运动员要想取得优异的运动成绩,就必须具备良好的心理因素。运动员在比赛中表现出的顽强意志与毅力以及良好稳定的情绪是形成其良好心态的基础,良好的情绪又会直接影响到他们的比赛行为，从而使他们产生积极的动机，并通过各种途径来提高自己的意志力和竞争能力。另外，良好的赛前状态是获得优异成绩的前提，也是取得好名次的重要条件之一。在现代体育运动中，心理素质已成为一个决定胜负的关键因素。运动心理学通过研究人的运动行为与心理活动规律来指导心理训练，帮助运动员做好充分的心理准备，从而达到促进运动员发挥潜能、获得比赛成功的目的。

随着现代竞技运动的日益发展，人们对运动员意识、心理控制能力、情绪稳定性等心理品质的要求日益增高。运动员的身体素质、技术、战术等各方面直接影响到他们的比赛成绩。明明训练的成绩突出，究竟是什么因素导致比赛失利呢？关于这类问题，不少教练员、运动员认为是心理因素在作怪，心理因素在很大程度上决定着一个运动员的成败。良好的情绪状态不仅有利于身心健康，而且还是决定运动员取得比赛胜负的重要因素之一。总的来说，比赛场上的失利常常是因为运动员在比赛中期望过高，过多地考虑比赛胜负结果，产生心理压力，分散了注意力，导致发挥失常。

健康的运动心理对运动员的帮助在于培养多方面的运动专项所需要的心理品质和发展心理技能。有的运动员平时训练水平很高，动作完成得流畅自然。但是，到了比赛场上却精神紧张、肌肉发僵，甚至连一些很简单的动作也做不好。这就是过多的焦虑破坏了肌肉的协调性所造成的。心理学家可以帮助这些运动员增强自我调节控制情绪的能力，使他们在任何复杂变化的情况下都能够保持正常而积极的情绪状态。个体性运动项目的运动员需要注意力高度集中于自己所要完成的标准动作上；而集体性运动项目的运动员则不仅要注意自己的动作感觉，还要注意对手情况，以便做到随机应变地发挥技术战术。因此，注意能力也需要通过心理学的手段来培养，才能更加有效。

应该为运动员创造优异成绩提供良好的心理准备和心理状态。良好的心理状态是运动员成功发挥技术战术的重要条件。不少运动员的失败并不是因为技术实力不够，而往往是由于在比赛时心理上出了问题。例如，赛前想得太多造成思维混乱，过于注重比赛结果而形成精神压力，过多担心失误而造成精神紧张，应付不了赛场环境条件的变化等。心理学家能够帮助运动员做好充分的赛前准备，包括设置明确的目标、制订全面的比赛策略、降低焦虑程度、增强比赛信心和激发适宜的比赛动机等。同时，心理学家还要教会运动员掌握一些自我调节情绪的方法，为运动员在比赛中战胜各种不良心理、建立良好的赛时心理状态做必要的心理准备。

由于现代科学技术迅速发展，很多发达国家都在研究科学的训练方法。想要取得好的运动成绩，需要体育运动科学原理的理论支撑，比如运动生理学，运动生物力学以及运动心理学等。教练员们应该了解和熟悉这些理论知识，在指导训练工作时注意防止运动员产生"过度疲劳"的情况。高超的运动技能和良好的心理素质是运动员取得优异的运动成绩的必要条件。当前，心理学在比赛准备中发挥着越来越重要的作用，成为现代体育运动教学理论中不可缺少的一部分。因此，了解运动员的心理特点具有十分重要的意义。

许多研究均证实，不同的气质类型对于从事的运动项目以及在某一运动项目中的不同位置，都有影响作用。运动员的性格特点与运动成绩有密切关系。而早在几十年前，研究认识方式、描述个性差异对运动学习成果的影响就已得到人们承认。有学者认为，运动训练者依照外界参照物做出自己掌握的动作判断，易受外界暗示，缺乏独立性，根据自己主观做出自己掌握的技术动作判断，则不易受外界暗示，且独立性强，较有主见。后者与前者相比，独立性强者不但在运动学习训练中更具优势，而且在日常各项工作中也会表现出自身的优势。事实证明，这些运动员都能够虚心学习，认真坚持系统的心理训练，因此才获得较好的效果。许多优秀运动员都是具有卓越心理素质的佼佼者。像郎平的沉稳坚定，高敏的机智冷静，邓亚萍在比赛场上那股咄咄逼人的气势，射击运动员张山那超凡脱俗的自我控制能力等，都是她们强大的心理能力在比赛场上的生动写照。

自信作为心理健康的表征和个人获得成功的保障，是体现个体相信自己能否顺利完成某一活动的心理特征。自信心是人最重要的心理品质之一，对每个人都至关重要。在传统心理学看来，自信属于人格中的特质倾向，影响人们的行为，依据个体对于自我价值或自我效能的认知，体现为个体对于自我的评价。

当人们无法正确地评价自身或者盲目地相信自身能力的时候，就会有错误的信心，这种时候人们树立的目标往往过高而不切实际，最后发现目标无法实现的时候，就容易丧失信心而怀疑自己。反之，如果人低估了自身的能力，那么无论做什么事都没有信心，甚至产生自卑感，导致树立的目标过低而无法实现人生价值。因此，只有对自身有清晰的认知、塑造合适的信心水平才能帮助人们走向成功。

从事体育活动的人在经过努力战胜了困难并完成了某项运动时，都能体会到成功的喜悦，从而产生一种成就感，这就是被肯定的感觉。运动员在训练期间能够努力锻炼技术水平、不断战胜自我，从而不断增强自信心。因此体育锻炼对培养与发展信心具有重要意义，人们可以通过体育锻炼不断战胜困难、挑战自己、提升信心、展示自己。此外，自我效能理论还提出了发展自信的四个关键因素，即成功的亲身体验、可借鉴他人的成功经验作为参照、言语上的鼓励和适宜的情绪唤醒水平等。这对于在体育教学、训练中提高学生或运动员的自信心具有启发作用。

（二）运动心理在大众体育中的作用

在种类繁多的体育活动中，人们应该明确锻炼目标、看清自身优势、持续改进不足。特别是在群体活动中要培养合作意识，表现自己的同时积极配合同伴，共同努力达成理想目标。体育教师通过体育活动来培养学生良好的习惯和态度，形成正确的价值观和世界观，增强集体主义观念，使学生能更好地学习并掌握运动知识和技能，为终身体育锻炼打下坚实的基础。在学校教育中，体育是不可缺少的一部分，通过体育活动促进学生的全面发展，对学生的身体发展和心理发展都有着重要意义。体育活动可以帮助学生了解自己的人格特点和情绪状态，从体育活动中学到合作精神、集体意识，培养适应自我概念以及增强自尊心和自信心。

在大众健身领域，体育活动被认为与提高生活质量有密切关系。运动心理学家关注社会成员形成锻炼观念、维持锻炼的动机，使锻炼者经过长期体育锻炼获得长久的心理效益，改善与提高个体的生活质量，促进个体心理健康水平的提高。

健康的运动心理能够帮助参与运动的人获得运动愉悦感，所谓运动愉悦感就是个体在活动之后获得的满足感与喜悦感以及对锻炼体验的其他积极情绪反映。在体育教学中，它能促进学生身心发展，提高教学效果。国内外学者对这一问题进行了大量研究。有学者认为，运动愉悦感是人在运动过程中所表现出来的积极的心理状态。

马斯洛认为人的需求可以分为生理需要、安全需要、社交需要、尊重需要等四个层次。其中前三个需要属于基本的生理需要。还有学者认为，人在运动过程中产生的兴奋和紧张等情绪会扩大刺激范围，从而增强了人的控制感和能力感。

第四节 运动心理训练

一、运动心理训练的作用

　　一个学生、运动员要学好体育运动技能，充分发挥自己的运动技术水平，取得优良的比赛成绩，不仅要经历运动技术训练，还要经历适应技术训练和比赛的心理训练。例如，有两个体育系的学生，平时技术训练水平很高，身体素质也很好，是很有潜力的运动员。但是，他们并不一定能够在实际的比赛环境中发挥自己在平时训练中体现的运动技术水平，更不用说获得优异的运动成绩了。这种情况的症结在哪里呢？因为这些运动员的先天优势十分充足，后天训练也足够到位，故此可以肯定问题并不在于体育技术，而是运动员没有具备适应比赛环境的心理条件，也就是这些运动员在心理方面的训练仍然较为短缺。

　　一般来说，人体体能训练与较量的结果主要由三个方面的因素决定：身体素质、运动技术和心理素质（进行专项运动时的心理变化或特征）。这三个因素之间存在着不可分割的关联性，若进行具体分析，则可以将其解释为，身体素质为运动员在比赛中取得理想成绩提供基础性的物质基础；运动技术是成为合格的运动员的必经之路；而心理素质是使运动员将身体素质和运动技术进行有机结合，并在赛场上全力展现自身实力乃至超水平发挥的内在精神动力。因此，心理因素不管是对普通的学生还是专业运动员来说都十分重要，这些人群在日常训练和正规赛事中都需要学会稳定地控制自己的思维活动和心理状态，从而对自身的技术动作进行科学的引导。

　　在当下的体育领域，无论是国内还是国外的运动员和教练，都对比赛的适应研究予以了高度重视。而这里提到的适应也和前述的三个因素紧密相关，包含身体素质层面的生理适应、技术层面的机体动作适应和心理状态的精神适应。学生和运动员在接触和掌握一项运动技术的过程中，要真正实现质的飞跃，不仅要重视常规训练和肉体记忆，更要开展具有显著针对性的、应对比赛环境的专门练习。在这些专门练习中，心理训练占到了相当大的比重，其任务主要是协助运动员拥有应对比赛的良好心态，并顺利地处在比赛中可能遇到的各种心理和准备等方面的问题。有相当一部分学生和运动员会在比赛临近时或开始之后产生相当严重的不适心理，甚至有可能失去对自身状态与能力的掌控。这大都源于其平时仅培养出应对常规训练的心理适应性，而未能培养出应对比赛的心理适应性。这样一来，即使运动员的实际身体素质和技术水平都足够优秀，也无法在比赛时充分发挥，得到理想的成绩，甚至难以保证运动比赛的顺利参与和开展。并且，从以往的经验教训来看，越是身体素质过硬、精力充沛、充满活力的运动员，越有可能在比赛中出现严重失常情况；越是掌握超高运动技术的运动员，就越有可能因为没有做好充分的心理准备而产生更为严重的失利。这些运动员充沛的生理活动能量反而会对其心理状态产生更加不利的影响，造成其精神状态过度紧张，难以在赛前恢复有效的自我掌控能力。

　　基于前述的一系列状况，国内外的体育研究学者和运动员都对心理训练给予高度重视，甚至将其单独作为一种特殊的心理学问题来看待和处理。在国外，有学者为心理训练赋予了一个颇为生动的称号：运动场上的"新来客"。而运动员们要想和这位"新来客"打好交道，使其发挥应有的功效，就需要借助专业化、系统化的心理训练来提升自我，使自身的心理状态向着更加适应比赛环境的状态发展，能妥善处理自身的赛场情绪，遏制和调节过分的紧张心理，对自身在各种状况下可能产生的心理活动有大致的预判和支配，以此在比赛中达到最为理想的运动状态。

　　运动比赛对于学生、运动员来讲，是一种异乎寻常的"应急"事件，它要求学生、运动员有集中的注意力、充沛的情绪、顽强的意志、深刻和敏锐的思维等心理特点。没有这些心理特点，是无法应付这些紧急事件考验的。有些体育教师、教练对学生、运动员要求不严，平时训练时松松垮垮、说说笑笑，把身体锻炼当作单纯的娱乐活动，其结果是不仅不能使他们的学生、运动员学会较扎实的运动技术，以保证在紧张的比赛场合取得好成绩，更重要的是没有培养各种应急的心理特点，使有些人一上场就因心理准备不足而怯场，使平时运动技术水平发挥不出来，或出现技术失误。也有的人只能适应胜利场合，遇到失利，就失去自我控制能力和再战的勇气。

　　要想解除学生、运动员在运动训练中可能遇到的心理障碍，就需要借助心理学的手段，这种手段无法用技术训练手段来取代，也无法用身体素质训练的方法来突破。在当下的体育教学中,有一部分教师和教练没有意识到运动员心理状态的重要性,当运动员遇到挫折时,一味地在技术或者身体素质等方面寻找原因,结果并未取得成效,甚至适得其反。还有些教师和教练在教育那些经常在运动技术训练中出现失误的运动员时,没有对症下药地去化解心理障碍,却仅仅认为是运动员的运动量不足,盲目延长训练时间、提升练习次数,甚至"开小灶",让运动员加班加点地练习,但一直未取得明显的效果,有时强制练习反而使运动员产生厌倦情绪,甚至出现只要一进练习馆,就产生恐惧和厌烦的情况。有不少学生因此对体育课和体育活动失去信心和兴趣,有不少优秀运动员甚至为此中断了自己的运动生涯。事实证明,用"小锅饭"、加班加点,最多只能解决技术动作不熟练的问题,大运动量也不是克服心理障碍的良药。

在体育课的教学中,心理训练起着重要作用。运动技术的学习和其他学科的学习一样,需要有一定的心理基础。例如,大肌肉活动,要经受疲劳的考验;有的学生怕在运动中受伤,不敢踢足球;女学生怕身体发胖不愿做力量训练等,有些运动技术具有一定的危险性,例如竞技体操和田径中的撑竿跳等;有些运动技术需要耐心和毅力才能控制相对应的的技术动作,例如射击、射箭项目,时间长,要求力量持久,小肌肉群的动作准确细致;还有些运动项目需要运用运动智慧,如成套动作的体操和武术项目等。在体育课和运动训练中,教师需要运用心理训练手段,解决好上述许多专项运动技术学习中的心理障碍问题,培养学生的心理品质,为各行各业培养具有各种心理适应性的人才。

二、运动心理训练的内容和方法

心理训练按照相关理论和实际情况而有广义和狭义之分。最为广义层面上的心理训练所面对的人群不仅包括运动员,还包含各个领域的学生或工作人员的学习或从业心理。比如说,学生要想突破思维上的局限性、提升记忆上限,就要接受学习观念和学习心理上的心理训练;空军要想在高空作业和夜航环境中具备更加饱满的精神状态和高度集中的注意力,应当接受高空飞行环境下的心理训练;技术工人要想具备针对专门工程的生产技术和手法,以此更加顺利地开展生产活动,就需要具备适合工作环境和作业规范的心理素质,需要接受劳动方面的心理训练;甚至公安干警要破获刑事案件或了解犯罪分子的心理活动、一些特殊的病人要改善自身的身心健康情况等，都必须接受科学的、规范化的心理训练。因此，从广义角度来看，凡是能对人的心理状态产生主动性的正面影响的活动都可以划分到"心理训练"的范畴内。接受心理训练的个人或群体的状态都能够在训练的过程中得以改善，朝着更加适合受治疗者的实际需要和生活现状的状态发展。而狭义上的心理训练则专门针对学生和运动员开展，对这两类人群而言，心理训练在大致上都能对其产生主动的积极影响，在潜移默化中改变和调整其心理状态，达到符合发展需求的境界，从而在未来的体育训练和比赛中取得更加优异的成绩。如果更加详细地解释，则可以将心理训练视为借助专业化的仪器和手段来实现引导和优化学生及运动员心理状态的目的，进一步满足比赛或训练的需求。心理训练给训练人员提出了三项具体的任务：

第一，使受训练者具备更加良好的心理素质，心理活动更加趋于平稳，从而顺应比赛的要求。

第二，及时预测、发现和改善受训者负面的心理状态，乃至将心理活动中的消极方面转化为积极方面。

第三，如果受训练者已经产生了某些固有的、渗入思维定式和思考习惯的心理障碍，应该通过科学化训练和合理的引导使其恢复正常。

此外，在心理训练这一专业领域，国内外还有许多多样的资料和充足的经验等待研究人员去利用。根据现有的心理学理论，可以将运动员心理训练的内容和方法大致分为四个方面：恢复体力和脑力的心理训练、回忆技术动作的心理训练、清除紧张情绪的心理训练、增强比赛信心的心理训练。

（一）恢复体力和脑力的心理训练

常规性的技术训练和体能比赛会对人的体力和精力产生极大的消耗，学生和运动员在进行运动量较大的训练，或参加具有一定规模的体育比赛之后，无论体力还是脑力都会受到大量的消耗。但这种形式的体力和脑力消耗都可以以自然的方式完成恢复，就通常情况来说，学生和运动员如果在长时间剧烈运动之后获得足够的休息、睡眠以及营养补充，就能够在短时间内恢复精力。然而，如果比赛情况十分激烈，或运动频率高、运动强度大，运动员就很难在这样的情况下得到充分的休息调节和营养摄入，甚至连小睡的时间也没有，这样一来，自然休息根本无法让运动员的体力和脑力及时恢复到正常状态。曾经有这样的体操运动员,每逢较为正视和重大的比赛,就会在赛前几天出现食欲不振、失眠多梦、精力消退、寝食难安的问题。在如此不稳定的情况下,运动员不但难以使体力及时恢复和积存,反而会过早大量地消耗体力,其中人脑所需要的神经能量的消耗量是最大的。相关人体学理论和研究结果表明,运动员全身各个机能的能量中,消耗最快、量最大的并非身体能量,而是神经能量。在单位时间内,神经能量的消耗量能够达到身体能量的四至五倍。针对这样的情况,运动员必须在赛前及时化解自身的心理负担,或者事先预判可能产生的心理问题。虽然有时运动员进行了休息,但大脑神经仍未得到放松,依然被较为紧张的情绪所支配,从而在无意识间耗费大量的精神能量。所以,科学的心理训练措施对于运动员来说至关重要,尤其是在面临即将到来的重大赛事时,有效的心理训练能够令运动员的体力和脑力都在短时间内及时且高效地恢复。

　　有别于比赛后常规性的自然恢复,心理训练的恢复形式对于运动员的体力和脑力能够起到更具有专业性和针对性的复原效果。体育教练在进行心理训练时,会借助专门的手段,有意识地对运动员开展训练,从而取得预期的心理效果。具体的训练方式有很多种,例如,让运动员在比赛的前几天参加一些放松性的、气氛缓和愉快的活动,使其在放松身心的运动中逐渐化解因即将到来的比赛而过早产生的紧张情绪。教练也可以在赛前和运动员以较为平和的形式进行交谈,使运动员的心情保持愉快,并将注意力从原先的紧张注意中心转移;也可以为运动员设置适当的休假时间,让其与亲人好友等见面。完整的心理训练不仅会使运动员的体力得到恢复和调息,还会使其获得心理上的充分恢复,减轻精神层面的负担,在赛前真正做到养精蓄锐,从而以饱满的精神状态投入临场的训练和正式比赛。假如心理训练的方式科学合理,并顺利达到预期效果,则运动员必然能够在比赛前和赛中自始至终保持充沛的体力和积极的心理状态,为取得优异成绩创造有利的条件。

　　不过,可以想见的是,上述的心理训练方法都要求运动员具有足够的时间,加以外界条件的适当配合,才能获得完整的效果。如果不具备前述的条件,则运动员需要充分利用比赛或技术训练间隙等的零散时间,借助肌肉放松和神经放松训练并重的方式,使自身在短时间内进入小睡(或者小休)的状态。这也可以说是一种较为特殊的心理训练的形式，主要目的在于使运动员能够主动地放松肌肉和神经、摒弃杂绪、放缓呼吸、释放压力。学生和运动员如果在比赛来临前或技术学习进行前处于较为紧张的状态，则可以让他们坐下来，按照头、肩、臂、手到胸、腹、背、腰，最后到臀、腿、脚的顺序，依此逐步进行一些放松肌肉的活动。借助肌肉放松运动，运动员不但可以降低肌肉骨骼系统的机体能量的耗损，甚至可以连同整个人体都进行放松，并缩减全身能量的消耗。如此一来，运动员就能逐渐恢复和补充自己的体力，与此同时，肌肉的放松一样能够影响到运动员的神经心理活动状况，从而缩减精力的耗费。此外，为了帮助运动员快速放松，可以让其一边进行肌肉放松动作，一边对呼吸展开调节，从而使自身原本因紧张而偏快速的呼吸逐渐放缓，同时呼吸力度也会变得更细，借此进一步推进体力和脑力的复原。

在一般情况下，放松肌肉和放慢呼吸，就可以使运动员的体力、脑力恢复过来。但是，有些运动员还需要进行神经放松，排除由于比赛紧张而引起的杂念。进行神经放松训练，首先让运动员把注意力从各种思想念头中摆脱出来，然后集中在肌肉放松动作和呼吸调节上，随着肌肉动作的松弛和呼吸变慢、延长，神经系统就会因逐渐放松而安静下来。国内外实践的经验证明，在训练或比赛前进行放松活动以达到小睡的方法，是行之有效的。有的专项运动队在进行实验后得出结论，采取这种方法，运动员只需要十几分钟就可以进入身心全面休息的状态。这种休息是采取放松手段后的主动休息方式，比自然休息或睡眠效果高得多。研究表明，在相同的单位时间内，前者比后者在身心能量恢复数量上高四至五倍。例如，有一个运动员，因长期失眠，不能恢复体力和脑力，这不仅影响了她比赛和训练的成绩，而且也使她因长期精力不足，失去了继续从事这项运动的信心。后来，放松训练手段使她恢复了体力和脑力，取得了较好的比赛和训练成绩。她十分高兴地说："我恢复了自己的运动青春，年轻了几岁。"不少运动员在赛前或赛间进行"小休"训练，使自己的比赛有了充足的体力和脑力，为取得好成绩打下了坚实的物质和心理基础。有的运动员说，有些时候由于力量不足，在场上比赛时出现心理疲劳，注意力集中不起来，头脑不清楚等问题，以致四肢无力、技术动作不协调。可见，任何运动、技术的发挥，都必须以身体力量为物质基础，没有这个物质基础，就会感到心有余而力不足，身体力量不足，就会使心理活动水平下降，产生心理疲劳现象，在这种情况下，就不仅仅是心有余力不足的问题，而是心也无余，力更不足了。这些因素会导致，技术动作会严重失调，甚而产生各种事故。而在进行恢复心理训练之后，情况就大不相同了。

在日常化的体育课堂教学中，通过"小休"这一调节方法来使学生调整身心状态及恢复能量也是一个具有重要意义的课堂环节。因为学生需要在学校的体育课教学中学习的体育运动技术往往较为复杂，无论是对学生的身体技能还是对理解能力都会提出较高的要求，因此学生也需要拥有足够的体力和充沛的脑力才能在此基础之上开展练习。此处以体操运动中的平衡木、高低杠和男子的单杠、吊环跳跃运动中的三级跳远、撑竿跳高等运动技术为例。这些项目不仅对运动员的体力有较高的要求，还需要运动员的肌肉感知能力足够敏锐、注意力足够集中、思维和记忆力足够活跃。假如学生在体育课的练习中学习这些运动技术，并在反复的练习之后产生了力量消耗过大、精力不足的情况，就应当向教师提出适当暂停技术练习的要求，在这段时间进行"小休"训练，直至体力和脑力都有所恢复之后，再开始下一轮的练习。虽然这种做法从表面上看增加了课堂的用时，但如果学生的体力和脑力在课堂上能够得到充分的恢复，其技术动作的质量能够得到显著的提高，即使缩减练习时长和次数，仍然可以较为高效地掌握技术动作的要领。由此看来，适当的休息不仅可以节约学生的精力，还可以在另一种意义上节省更加长远的教学时间。

确保运动员获得充足的睡眠时间、保障高质量的睡眠状态也是为运动员积蓄力量的重要方式。而同样地，心理恢复的措施也能对睡眠质量起到改善和提升的作用，与"小休"不同，心理恢复仅会采用卧式作为放松动作和调整呼吸节奏的措施，并与个人的睡眠习惯联系在一起，有时会对个别动作进行适应性的改动。其目的在于令运动员不再仅仅以被动的形式进行自然式睡眠，而是有意识地对个人的睡眠情况进行控制，转变为主动睡眠状态，这样才是从根本上提升了睡眠的质量，缩短了运动员所耗费的入睡时间。

有的运动员对于力量恢复的意义并不理解。他们往往过高估计技术的作用，过低估计身体力量积蓄的意义。事实说明，问题往往就发生在力量上，在比赛之前，许多运动员总是从技术方面做准备，忽视力量的准备。运动员在赛前经常对自己身体和心理状况估计错误，他们主观上感到自己力量很大，信心很足、情绪高涨等。但是上场不久，就会感到力不从心，开始是心有余力不足，然后则是力、心都不足。运动员对自己体力、脑力细微变化的估计，是一种内部的本体感觉能力，这种感觉远不如外部感觉那样清楚和准确，如果思想上再不给予重视，那就误差更大了。因此，在赛前储备充足的力量。教练随时检查运动册力量律备情况，并在必要时采取补救措施是十分重要的。

在体育运动中，体育教师、教练应当善于运用恢复体力、脑力的心理训练手段，特别要注意那些取得好成绩的运动员的身心力量恢复问题。对年轻运动员来讲，虽然不一定会有来自外界的类似宴会之类的能量消耗事件，但是，一个人躲在房子里悄悄地胡思乱想也是十分有害的。为此，体育教师、教练必须教会他们进行身心恢复的自我控制手段，否则，单纯依赖外部限制也不是最完善的措施。

（二）回忆技术动作的心理训练

运动技术的学习是关系到人体多个方面的技能训练，它不只能够锻炼运动员的肌肉活动和肌肉强度，还会对运动员大脑的活跃度、灵敏度进行有意识的训练。因为在人的运动技术养成和提高的过程中，其思维活动能够发挥十分关键的调节作用。运动员所要掌握的技术和进行的项目越是高级，其技术要领就越复杂，越依赖大脑在运动中发挥的作用。有些学者从现有学术理论和研究成果出发，提出了这样的观点："运动智力"也是运动能力的一个重要方面，需要得到教育工作者和运动员们的充分重视，尤其是运动员，必须在进行常规训练的同时注重对"动作智能"的开发和提升。按照动作智能的主张，运动技术的学习过程从本质上来说，应当是一个学生的智力和体力活动产生结合、共同发挥作用的过程。在现阶段的体育教学中，教师和学生都应当摒弃以往仅仅将体育技术训练视作体力训练和技术训练、完全不考虑智力训练因素的传统观点。这类观点仅从刻板印象和经验主义出发，缺少现代理论和科学依据作为支撑，不但无法对学生起到长远的帮扶作用，反而会对学生的发展产生不利的影响。近年来，一系列体育运动科学的研究都证实，所有的运动技术训练经历所针对的训练方面都是多层次的，它不仅会对人体外在的肌肉骨骼动作进行系统性的长期训练和塑造，还会对人的智力活动产生深刻的影响和塑造作用。运动员在进行运动项目的训练时，如果难以完成技术动作的要求，则有可能并不是因为肌肉动作本身强度不够，而是因为受到大脑智力活动局限性的影响，不具备应对和分析复杂动作必要的思维能力和心理素质。比方说，假如运动员的思考能力不足，记忆力不够敏捷，在例行运动锻炼和比赛中也不能维持稳定的情绪状态，则可以认为运动员没有及时合理地解决自身心理素质问题的能力，因此仅仅依靠大量机械性的相似肌肉动作的叠加很难实现预期的运动训练效果。

回忆技术动作法要求教师在课堂练习开始之前、结束之后或练习的间隙中组织学生有秩序地暂停练习，在安静处静坐，放松身体，闭目养神，在平和的心态中一点点回想和分析所学的技术动作，根据教师的讲解和个人的思考体验逐渐总结和把握动作要领，通过人体知觉和外在表象使自身肌肉对动作的细节和流畅度产生感觉，之后借由这些直观感觉和肉体记忆来更好地支配自己的肌肉运动。现阶段我国已经有许多体育教师和运动教练将心理训练纳入常规训练的规划之中，借助这种方法来推动学生和运动员运动技术的培养和能力提升进程。

学生、运动员在实际运动技术练习中，脑力活动受到一定的限制，他们对于技术动作的肌肉感觉并不清楚，也掌握不准一些技术动作的要领，所以练习效果不佳。同时由于体力消耗过大，学生和运动员的头脑活动水平也会受到疲劳的影响，降低对肌肉动作的感觉和控制作用。在进行小休以后，回忆动作效果会更好，因为一方面大脑得到了休息，它的活动能量比较充足；另一方面，在停止实际动作练习之后注意力比较集中，加上双目闭合，许多无关事物被排除，大脑对运动技术动作的表象比较清晰，这对于学生准确掌握技术是十分有利的心理基础。研究证明，在其他学习上同样可以运用表象训练的方法提高对知识学习的效果。例如，在语文学习中用表象训练的方法，回忆诗词的意境，不仅可以提高对诗词的理解和记忆的质量，而且可以加深和丰富学生情感的体验。

（三）清除紧张情绪的心理训练

紧张情绪对运动员造成的负面影响是多种多样且显而易见的，运动员在运动比赛来临时，受到过度紧张情绪的影响而发挥失常、比赛失利的情况并不少见。比方说，在篮球运动员当中，有相当一部分人会在筹备篮球比赛时，因为过于紧张、没有调节自身的情绪而出现各种本来不该出现的错误，例如传球接球失误、投篮命中率降低、运球步伐路线混乱、防守的技术犯规等，更有甚者在分球时会将球误传给对方选手、抢夺拦截本队队员的球等，这些较为低级的错误都可以归结为临场紧张现象。运动员由于精神和肉体都高度紧张、情绪调节和支配不当，从而对自己的动作准确性和即时性失去控制力，身体控制力和精神集中力全面下降。其他还有一些身体上的失常表现，如动作失衡、肌肉僵硬、用力过猛或不及、杂余动作过多形成干扰等。运动员处在紧张情绪的影响下，会产生种种异于平时的不良生理反应，有些人在临场发挥中心跳过快、呼吸加速，或者出现发虚汗、尿频尿急之类现象，还有一些人在赛前血压飙升、机体和脑内神经兴奋过度，超出人体正常的负荷能力。按照通常情况来讲，运动员用以进行生理活动的能量需要被控制在合适的强度内，这是运动员在比赛中正常发挥的物质基础。假如人体各部分机能的生理活动过于剧烈，不但无法保障肌肉活动的正常和协调运行，还会造成运动行为和神经活动失常，让运动员的运动技术和连贯动作失去控制，这样一来，运动员就几乎难以正常发挥平时在训练中掌握的技术要领。

运动员一旦受到紧张情绪的影响，其记忆活动、脑内思维等都会陷入迟缓和失衡的状态，各方面的身体能力也会随之下降。此外，应当意识到，临场紧张现象并不仅是针对运动比赛而言的，这种现象在日常的体育课和普通的体育技术训练中也常有出现。对于一般的高校学生来说，在体育教学和训练中引发紧张情绪的情况包括两种情况：一种情况是所学习的运动技术动作相当复杂，甚至具有不可忽视的危险性，因此学生也会产生相应的抵触情绪。比如单杠运动，男子撑竿跳，女子体操中的高低杠、平衡木、跳箱等，以及鞍马运动中的翻转和落地动作。这些动作对运动员的身体素质、平衡能力、柔韧性、力量、技巧等多个方面都提出了较高的要求，动作本身较为复杂，难度系数高，运动员也比较容易在练习时因为动作不当、技巧掌握不足、判断失误等问题而受伤，甚至危及生命。所以，处在初学阶段的普通运动员会对这些运动产生强烈的恐惧和抵触情绪，尤其是个性比较谨慎或对自身能力不够自信的学生，恐惧和紧张的情绪会表现得更加明显；另一种情况是学生出于对自身学业和能力检测的考虑，在面对体育课上各种形式的成绩考核和教学比赛来临时，可能产生过分紧张的情绪。体育课的教学内容往往包括一般教学和运动练习两方面。在这个教学过程中，学生所要达到的目标主要是掌握基本的动作要领，因此其在课堂上运动动作的速度和幅度都并不剧烈，教师也一般不会提出过高的要求，只会指示和引导学生练习分解的独立动作，不需要完整地完成。另外，在体育课堂中，学生可以随时获得教师的监督、指导、示例以及协助和保护，所以其动作的完成度和自身的安全都能得到一定的保障，往往也就不会产生过于紧张的情绪。但是，在完成成绩考核考试或开展教学练习性的比赛时，情况就不一样了。学生只能在独立的情况下完成一整套的技术动作，还受到了准确性、熟练性、连贯性等方面一定程度的要求约束，所以在类似的情况下，学生的心理紧张度较平时情况会骤增数倍。可以说，针对运动成绩的检验测试和教学比赛都有着与运动机能竞赛接近的特点，学生都会在类似的情况下产生强烈的胜负心态，如此情绪必然会增强学生比赛精神的活跃程度。比如，有在正规场地内开展篮球比赛的学生，在应对比赛时，必须自始至终保持高集中度的注意力，但同时又需要对自身的体力和精力都有较为合理的分配，确保敏锐的观察力和活跃且准确的思维判断力，只有达到了这一系列较为苛刻的准则，才可以说是适应了正规比赛的紧急状态。

对于学生应急心理进行的有意识培养和系统培训是教师应当纳入体育训练和规范教学的内容，要引导学生逐步认识应急心理水平的概念并了解其重要性，逐渐树立起学生自我控制的能力，这一过程不但可以促进学生对体育运动技术的掌握，还具有更深层次的意义，即让学生具备冷静应对和处理各种紧急状态的良好心理素质。这种心理素质的作用并不局限于体育教学，还会延伸至其他许多学科的学习中。心理培养是学生的德、智、体全面发展历程中必不可少的创新式训练途径。体育教师必须以严肃的态度看待和处理心理训练，将其纳入正规技术动作训练的范畴，以达到在日常练习中逐渐化解学生有机率产生的紧张情绪的目的。将心理训练及其考核划分在正常的体育教学和训练计划之中，并将其置于足够重要的地位，定义为教学活动的硬性内容，引导学生课中学、课下练，让学生由内而外地深入把握所学运动技能的基础理论和要领。

1. 获得情绪的适应性

运动员一旦能够定期参加正规的比赛，就必然可以逐渐积累大量的实战经验，不断增强自身的适应性，在此过程中，原本容易产生的紧张情绪就能够因经验的增长和心态的改变而一点点消除，乃至最终完全得到克服，使运动员的心理回归正常状态。不过前提是，运动员所参加的必须是具有足够针对性的比赛，赛程规划、赛前准备和临场发挥等都必须经过系统性的安排，让比赛确实地成为协助运动员解除紧张情绪的心理训练形式，并通过正规的环境和气氛引领运动员认识到在比赛中主动合理地控制自身情绪的重要性，在此基础上顺利地开展比赛，借比赛结果检验上述训练对运动员的塑造作用。否则，如果运动员仅仅任由自身受到比赛流程的自然影响，不仅不一定能够起到锻炼和提升的作用，反而有可能加重运动员的紧张情绪，从而引发其在比赛环境中的过激性情绪反应，结果适得其反，增加阻碍运动员参与比赛时的心理障碍。

2. 模拟比赛和教学比赛

参加实际比赛使运动员的情绪受到锻炼，从而适应比赛环境的要求，是一条重要的途径。但是，通过参加比赛而进行的情绪心理训练，往往会受到比赛本身条件的限制，不能完全根据运动员的需要来安排，更不能针对某队或某些运动员情绪训练的需要进行。应该有计划地组织模拟比赛，减少以上问题。这里所说的模拟比赛即带有组织练习性质的赛程。运动员有组织地参与类似的比赛，不但能够在接近正规比赛场合的环境中磨炼自己的意志，还能够对比赛的条件有大致的掌握，在实际操作中逐渐化解运动员过度紧张的情绪。另外，模拟比赛对于运动员来说同样是一个学习如何调控自己情绪的机会，运动员可以参考模拟比赛的环境，一点点学会如何在正式比赛中调节和控制自己的情绪，减免过分紧张情况的出现。有许多运动队，利用模拟比赛的方式，使运动员获得了控制紧张情绪的具体手段和经验。教练也从模拟比赛中获得了运动员情绪变化特点的资料，这就为进一步消除运动员紧张情绪的工作提供了可靠的数据。

在教学中利用技术练习课的形式对学生组织类似运动员的模拟比赛，是教学的一种形式。在一般的体育课中，采用教学比赛是为了训练学生的技术和战术能力，很少考虑学生的情绪紧张的消除问题。为了消除学生在运动比赛中的紧张状态，需要在教学比赛中有意识地安抚情绪训练的要求和内容。例如，可以在教学比赛中有意安排较强的对手，使学生在比赛中处于情绪紧张状态，然后让他们学会自我调节情绪的手段；或者有意限制较强的一方的动作（如排球比赛中限制比分或限制强手不准扣球等），以增加比赛难度，有意调动起学生的紧张情绪，在此前提下开展解除紧张情绪的心理训练。另外，可以根据运动员个人情况和取向的不同，在教学比赛中适当更换教练。对有需要的运动员开展情绪训练，让其学会如何应对不同的对手，增强适应能力和随机应变的能力，不因为对手的状况和特征而产生过大的情绪波动。例如，选择学生难适应的技术动作，由其他学生做模拟对手进行练习等等。

3. 临场紧张情绪的转移训练

因为运动员可能产生的紧张情绪同其参与比赛条件有直接关系，所以，基于这一现实，运动员往往越是将精力和意志集中在所处的比赛情景中，就越会产生高度的紧张情绪，心态就越难以维持稳定。可是，运动员是不可能通过脱离比赛环境来化解自己的紧张情绪的，那么应该怎样解决因集中精神而产生的紧张状态呢？结合前文的理论，从根本上进行分析，就可以给出对策，需要通过在日常性技术训练中模拟比赛的环境来实现情绪调节的心理训练，引导运动员逐渐培养稳定的赛前心理素质。不过，即便实现了这一点，也不一定能保证运动员在临场状态下完全摆脱紧张心理，所以赛前现场所利用的临时性心理训练手段需要包含一些能令运动员转移注意力、调节情绪的内容。临场情绪转移，它的内涵和意义在于，在实战之前使运动员不至于陷入过于极端的思想而持续紧张。在借助情绪转移使运动员的情绪趋于稳定之后，就可以全身心地投入比赛状态了。这一类训练措施的应用场合往往是比赛当中的休息时间或者赛前的预热环节，此时教练不仅要了解运动员情绪紧张的原因和运动员心理活动的特点，还要用灵活变通的心理训练手段实现运动员情绪的转移。比如说，教练一旦发现运动员处于过分于紧张的状态，就可以先和其聊天、交谈，找机会替换运动员，为其争取下场休息的机会，暗示对比赛的成绩不过分强求，或者向运动员传达一些实时赛况，描述一些对其有利的战机等。总而言之，转移紧张情绪的手段不仅因人而异，还需要根据场合环境而改变，其根本目的都在于令运动员的注意力不过分集中于眼前紧张的比赛场面。当下，有许多教练和体育教师都将转移情绪训练的方法应用在了实际教学当中，并逐步积累了丰富的经验。如果想让心理训练达到预期的效果，运动员一定要有积极的配合态度，所采取的方法也要体现针对性原则，最好的方法就是从运动员个人的比赛经验中总结规律。

运动员的紧张情绪和比赛的具体发展过程是分不开的。在某些比赛中，假如处在比赛双方比分相近的关键性时刻，或者出现了某一方的比赛成绩骤然下降时，运动员的情绪就会产生较为剧烈的变化，这时如果等到比赛间隙再采取心理暗示措施，就很难纠正运动员的状态了。因此需要在比赛开展的过程中就对运动员进行暗示，使其借助自我调节的手段来改变情绪。运动员的情绪发生剧烈变化的主要原因还是在于比赛本身，在于比赛进行过程中激烈的竞争和运动成绩的起伏。所以，要想稳定运动员的情绪，就首先要适当地转移其注意力，不再过分关注比赛现场的情景（比如得分记录），而是多关注自身的身体状态和技术动作。不过，这些措施并不是临场发挥的，要有以往长期而系统的心理训练作为基础，教练和运动员之间需要构建起默契的心理练习，不然，仅仅依靠临时性的暗示是无法达到调节心理状态的作用的。情绪的控制需要建立在坚实的默契关系的基础之上。

用借助转移注意力的方法来化解紧张的情绪并不仅适用于正规的运动员，对于接受常规体育课教学的普通学生来说也相当重要。尤其是身体发育尚不完全的中学生或对运动技术的掌握不够全面的大学生同样适用。这些群体很容易因为运动技术的不足而产生一定的紧张情绪，类似的情绪都包含情景性质。以实例说明：学生在体育课上做跳箱运动，中途有一个同学未能完成动作，碰到跳箱而跌倒了，后面的学生看到这种情况，必然触景生情，担心自己在尝试时也会摔倒，由此引发群体性的恐惧心理，面对类似的情况时，假如教师不能及时提出有效的解决措施，就会让紧张情绪在学生之间持续蔓延；但一部分教师并没有掌握转移注意力的心理训练方法，面对有紧张心理的学生，只会一味地教导学生不能紧张，并持续讲解避免失误的要领和事故发生的原因等等，虽然教师此举的目的在于使学生摆脱紧张情绪，但很有可能适得其反，让学生处于更加不适的状态。这种问题产生的原因是什么呢？因为教师的讲解自始至终都是围绕着不利的情景展开的，没有向积极的、乐观的情况引导，因此即使教师告诉学生不要紧张，学生也不一定能及时转变心态。可以认为，教师这样的做法是不了解能够转移情绪的心理规律的体现。而有些教师就会采用更加高明的办法，他们并不向学生过分描述动作失误的可能性和情境，而是选择一个不仅技术水平和身体素质都较为优秀，且性格较为乐观大胆的学生为大家做示范动作。学生在看到简易的成功范例后，就会不自觉地将注意力从失败情景转移，而且教师也会给予学生一些保护性的辅助措施。这样一来，学生就不会过分沉溺于紧张情绪带来的影响中，这在心理学的相关理论中是一个十分重要的训练规律，对于学生、运动员和教育工作者来说都有着相当广泛的教育意义。

4.情绪对比的心理训练

消除紧张情绪的核心问题，是训练运动员自己学会控制自己的情绪。当然，这并不是一件容易的事情，需要进行较长时间的专门训练。训练各种控制情绪的方法一般是在实际比赛中结合具体技术状况和运动员心理变化进行的，这就要受到比赛条件的局限。目前有的运动心理学家用临床治疗方法，消除情绪过敏。这种心理训练方法，主要是让运动员在自己头脑中回忆紧张的比赛活动，使他产生情绪紧张状态。经过不断地重复。使这种消极情绪逐渐消失，从而使运动员的情绪稳定下来。

运动员临场情绪过敏性紧张是一种消极情绪，可以利用回忆方法使这种消极情绪受到积极情绪的抵制，从而逐渐降低强度，最后达到完全控制。根据自己的经验采用短时情绪对比的方法：让运动员回忆紧张的比赛场面，以引起消极的紧张情绪；在紧张情绪产生后，再回忆比赛胜利后的愉快场面，用积极的情绪代替消极的情绪。这样，运用两种情绪的对比，克服了消极的紧张情绪。用这种方法进行情绪训练时间短、收效快、副作用较小。已有学者在射击、射箭和体操等项目中进行过试验，效果比较显著。

在体育课的教学训练中，情绪紧张是某些技术动作中存在的普遍心理障碍。教师如果不采取专门心理训练措施，单靠在教学训练中适应，代价是很大的。如果利用情绪对比的心理训练方法，就能够与体育教学集体进行结合，引导学生自觉地产生紧张情绪，并能自主性地控制其强度。这种自我控制能力，不仅可以直接扫除体育运动技术学习中的心理障碍，而且会迁移到其他活动中去，为考试或其他各种紧急事件的应急，提供自我控制情绪的能力。在社会上，有人把这一心理训练方法运用到对失足青少年不良行为的改造方面（犯罪情绪的自我控制），收到了较好的效果。

（四）增强比赛信心的心理训练

无论是学生还是运动员，要想在训练中取得良好的成效，或者在比赛中获得理想的成绩，都必须有足够的信心。可以说，一个人所拥有的信心的强度与其能力的发挥和表现的结果是直接相关的，它是运动员在比赛中所展现的完整的精神状态的来源。当然，充足的信心并不是无故而来的，也不是能够通过任意的外在力量施加而得来的。信心的根源归根结底主要是运动员内部的精神力量，而这实际上可以通过教练科学的心理训练来培养。运动员如果对自身的身体素质、运动能力、身体技巧、承担负荷以及即时的比赛形势都有较为客观清醒的认识，那么就往往会对在比赛中取得优异成绩这一目标充满信心。尽管在赛场上取胜的心理因素并不仅仅是信心的强度，但信心仍然是一种发挥着至关重要的作用的精神因素，它能够推动比赛的运行，并调动其运动员所具有的各方面的潜在力量，为运动员树立起不可磨灭的信念。故此，信心的培养和稳固也是心理训练的重要方面。下文将主要介绍一般运动训练中塑造学生和运动员信心的各种方法。

1. 进行赛前动员

借助言语形式的分析让运动员对比赛的意义和有利条件进行充分而全面的认识，由此树立胜利的信心，这是教师、教练进行动员的常用手段。如果做得恰当并具有针对性，是可以取得预期效果的。言语说服的心理训练手段，要求谈话者具有权威性，理论完善，证据有力，切合实情，这样才能达到激励学生和运动员的效果，否则表达效果必然受到限制。语言形式的心理训练手段的实施相对比较方便，以集体或个别的方式进行皆可。

2. 结合赛前技术测验进行信心训练

应当强调的是，学生和运动员的信心并非越强烈越好，比赛之前过于低落或过于膨胀的信心都会对个人在比赛中的发挥产生负面影响。其中信心不足的原因一般在于对自己所拥有的技术力量持悲观态度，或者将比赛中存在的困难条件进行了过度的放大；而信心膨胀的原因则一般在于过高地判定了自己的技术力量，由此产生了盲目乐观的心态。学生或运动员如果能在赛前对自己的运动技术进行有意识的分析，就可以较为客观地认识到自己运动技术的主要长处和不足，并对自身的身体情况有一定的清醒认知，这能够为学生或运动员理性地判定自己的能力程度，树立稳固的信心创造扎实的基础。

对教师而言，能否真正借助运动技术测验来达到树立和稳固学生信心的目的，关键在于其所选择的测验项目是否拥有充足的针对性，是否按照对象的不同特征进行了具体的分析，而不能仅仅借助大面积的、没有区别性的测验来对学生进行评判。

3. 增强信心的自我回忆训练

一部分运动员信心缺乏的原因可能在于其过度联想的习惯和悲观的心态，这些运动员常常过多地考虑比赛的不利方面，从而对比赛缺失信心。对于这些心理问题，国内外的心理学研究人士已经开始有目的地规划和制定科学的心理训练手段。具体方案包括：引导运动员回想自己在以往的比赛中发挥最佳水平的情景，回忆自己的成长历程和运动技术发展史。通过让运动员自我回忆并从中发现自己所具有的技术优势来增强信心，更加深刻地认识自己的体能条件和运动成果，并基于这些积极因素来发现自己的精神力量之源泉。每个运动员都会拥有自己独特的优势，这些优势很可能会被某些因素所压制，处在"潜在"的状态。采取引导运动员进行自我回忆的心理训练手段，就能够让运动员重新发现和利用这种潜在的精神力量，使其显露在身体活动和思维意识中，从自身的内在意志中发掘获胜的动力。这种动力并非来自外来施加的力量，所以一旦它对拥有者发挥了应有的作用，就会成为难以磨灭的强大精神力量，让运动员对未来的比赛拥有充足而坚定的信念。如果科学地开发运用心理训练手段，将其同理想教育进行有机结合，必然收获令人惊喜的成效。

  在思想教育方面，人们往往习惯于说教。在体育教学中，为了启发学生对体育运动的兴趣和学习信心，有时说得教师口干舌燥，学生仍然无动于衷，原因就在于缺乏来自学生内部的动力。只有当学生看到自己有利因素时，他们的信心才会从内部激发出来。当一个学生对于自己的学习失去信心时，最好的方法是诱导他自我回忆，使其从本身找到优势和力量。比如：有一个中学生，身体素质较差，加上怕学习体育技术耽误学习，因此对于学习体育技术既无兴趣又无信心，体育教师对她进行多少次的谈话都没有多大作用。但是一个偶然的事情却对她触动很大。有一次上体育课时，教师测验学生弹跳力，发现她的弹跳力很好，在进行弹跳测验时，全班她跳得最高，教师便以惊奇的口吻说了一句：没想到你的弹跳力还这样好！接下去测验耐力，那个学生就显得力不从心了。此事引起了那个学生的深刻思考，她惋惜自己没有发挥优点学好体育运动技术，结果优势不起作用，劣势却占了上风，自己体质弱，不仅影响了体育锻炼，还影响了其他学科的学习。此后她改变了对体育课的态度，不仅体育课上学习努力，而且通过努力还成为了专项运动员。这个例子充分说明，思想教育、组织教学工作必须与实际措施相结合，而自我回忆的训练方法，对于树立学生体育运动信心是很重要的手段。

三、运动心理训练的原则

运动心理训练既不同于技术动作训练，也不同于身体素质训练，它的训练内容和手段都有很强的针对性。所以，运动心理训练的实施除了要遵循技术训练和身体素质训练的一般准则和规律之外，还必须遵循运动心理训练的特殊原则。

（一）心理训练必须促进运动员的心理发展

心理训练是对运动员心理施加各种影响的特殊训练，是对运动员的内心世界直接作用的训练。心理常被人们称为"心灵"，它是人身上最宝贵的事物，也是世界上最珍贵的东西。心理训练学科作为一门新兴的实用心理科学，它的训练对象是人的精神活动，也就是人的"心灵"。因此，任何方法的使用，必须有利于学生或运动员的身心健康和发展。不能进行消极训练，不能因心理训练给运动员带来痛苦或损失。对待心理不能像对待其他物品一样，采用损坏了再恢复的办法实验。例如有人试图用超限负荷来训练运动员的心理负担力量。有人故意采用使运动员泄气的办法来克服赛场的紧张情绪。更有甚者，竟然采取冷落、讥讽和咒骂等粗鲁行为来激起运动员的斗志。这些方法尽管有时在个别人身上能收到一些暂时的"效果"，然而它在人的心理上留下的伤痕是难以消除的。从根本上说，有意识地对运动员施加不利的因素，从而获得心理训练的某种结果在我国是不被允许的。心理训练必须坚持科学的人道主义原则；必须维护运动员的心理健康与尊严；必须从关心人，爱护人，发展运动员体质、才能的立场出发。这是我国心理训练这门学科的基本原则。

为此，进行心理训练的教师、教练和心理训练人员必须经过专业训练，并对运动员采取极其严肃、负责的态度。不可掉以轻心，更不允许为图新奇随便实验，并且在实验中应该禁止采用不负责任的手段。运动员在心理上的任何创伤都不是用物质代价所能弥补得了的，甚至比机体上的损伤更难修复的。

（二）心理训练必须坚持自愿的原则

心理训练作为一种为运动员赖以开展自我心理调节、达到理想状态的手段，其具体形式自然要由运动员根据个人条件和实际需要来确定。不过，教师或者其他专业领域的人员也可以作为引导性的外部力量对学生进行指正和引导，但是这些举措都应当建立在满足运动员的需求这一基础上,并且,心理训练的最终目的和训练成果必须是使运动员真正掌握控制自己的心理变化和精神活动的方法。此外,运动员对训练本身的态度也非常重要,如果其自身抱有积极的态度,就会主动顺应和配合教师或教练的指导;而如果情况相反,运动员的主要态度是观望乃至怀疑、悲观,在本质上否定心理训练的作用,那么这种负面态度就必然会成为顺利学习和开展自我调节措施的阻碍。所有的心理训练手段效果的发挥都是建立在受训练者真实的心理状态之上的,没有人的主观积极态度作为基础,心理训练就不可能达到预期目标。

第四章 体育心理学研究

本章主要对体育教学心理研究进行详细叙述,内容共分为四节,分别是体育教育心理学、体育运动心理学、体育锻炼心理学、体育运动与心理健康。

第一节 体育教育心理学

一、体育教育心理学的概念

在学术定义中,体育教育心理学可被视为一种针对体育学者和体育教学本身进行的心理研究。如果对象为体育教师或即将成为体育教师的人,那么体育心理学则是由体育知识、运动经验及教育经验积累的体育理论所组成。一名合格的体育教师,必须拥有合理处理体育教学中出现问题的能力。虽然体育心理学无法给予体育教师具体的指导,告诉其哪些事情必须完成,哪些事情不能做,但它可以协助体育教师做出更加合理的决策,并让体育教师的教学语言表达更加规范,能和学生以及其他教师深入讨论不同的教学观点、体育理论和个人经验。近年来,体育教育心理学家就一般学生的运动特征展开了一系列系统化的研究,以开放发高效的教学方法,更深入地探究学习规律形成的原理,为广大教育工作者提供更多有效信息。体育教师可以通过这些研究给出的信息以及总结的学习方法来提高自身的教学效果,反思并改进现有的教学方案,将教学方法调整到最适合学生的形式。

二、体育教育心理学在体育教学中有何作用

体育教育心理学家们在多年持续的研究的积累之上不断对现有理论进行完善，并发掘出更多与体育学习和教学相关的规律。这类研究对于那些正在开展体育教学的教师来说可谓十分实用，甚至意义重大。然而，每当到了真正需要利用心理学相关的知识对学生进行指导和教育时，教师往往又会意识到，常识并非因其广泛的认可性而具有实用性和可操作性，而针对体育教育心理学进行的研究在这种情况下就体现出了其重要的价值。教师和学者们可以通过体育教育心理学的相关研究，就一些未曾得到广泛讨论或缺少实用对策的问题展开讨论，并找出较为合理且有推广价值的解决方案。

第二节　体育运动心理学

一、研究对象

体育运动心理学属于心理学的分支应用学科，主要研究体育运动活动的心理现象和规律。在现代体育运动心理学的发展中，人们趋向于将体育心理学与运动心理学分开，作为两个独立的分支学科。前者侧重于对学校学生运动心理特点与规律的研究，主要研究、揭示学生上体育课、进行体育锻炼时的心理规律、心理品质、心理卫生等等问题；后者侧重于研究运动竞赛中的心理特点与规律，主要是研究运动员的个性心理特点，运动技能形成的心理规律、专项运动心理特质、心理训练、心理卫生、心理战术策略等等。

二、研究任务

（一）研究运动竞赛心理规律

所有运动活动都具有一种共同的基础性特质，那就是其作为一种竞赛形式所体现的对抗性。如果参与者希望在运动竞争中获得期望的胜利（这种胜利的含义也包括对身心发展的塑造作用），就必须获得导向取胜状态和结果的心理素质，

这是一种自然而然的规律。以跳水这项常见运动竞赛项目为例，一个跳水运动员在进行比赛时，会在跳台上向池中做出各种动作，如翻、旋、转、卷、跳等，每一项都是难度系数极高的精准动作，要完成这些动作，运动员必须具备应对高空环境、下落环境和水中环境等情形的特殊心理应激品质，并且要能够精准地控制肌肉的动作、快速及时地控制自己的运动情绪等等。否则运动员就很难达到跳水竞赛对技术动作所提出的一系列惊险、艰难的要求。

要想准确地把握运动竞赛中所产生的心理，体育与运动心理学研究人员必须就运动竞赛活动的条件以及活动的性质展开深入分析。如果究其本质，则运动竞赛应当属于人工性质的活动形式。人们有意识地安排各种不同的障碍条件，确立和制定一系列竞赛规则，为比赛设置相应的环境（包括观众和啦啦队等），让运动员始终在一种特殊的环境中进行比赛，这种环境有时表现得较为不平常，有时其场合甚至会具有一定的危险性，运动员在比赛环境中会承受来自各种因素的压力和外在要素带来的刺激，从而尽最大可能来强化自身的体能，提高运动的技术，增强在应激情况下的心理素质。同时，运动竞赛活动也可以为劳动人员提供大量优秀的后备力量和资源；并且也能够为社会以及广大体育竞赛的观众创造运动锻炼的典范。上述方面也可以视作运动竞赛的本真意义和内容实质所在，人们在发展体育运动事业这一领域付出着越来越高的代价，这其中就有为运动员和广大群众的身心健康提供服务的考虑。例如，根据体操运动的专项规则，人们需要完成普通人在日常生活中几乎完全不会用到的动作，和常规举动有着巨大的差别，比如原地倒立、空翻滚地、旋转动作等，在绝大部分的日常劳动和生活举动中，这些动作都几乎不可能出现，也并没有什么被需要的价值。可以想象，在日常生活中，基本不会有人需要经常倒立行走或空中旋转，以及进行各种复杂的高难度动作，但是对于体操运动来说，这些动作则是最为基础的，甚至有些动作是体育学者和体育教育家们专门从原始人类乃至动物界中发现、总结和改进而来的，可以说是特意"引进"现代人思维的、有些极其苛刻的技术要求动作，比如鱼跃、攀援、爬行等动作，本质上都是对动物行为的模仿。很显然，学者和运动员们之所以专门设计这些非常独特的、在日常生活和常规劳动中都不会用到的异常技能动作，并非出于无意识的联想，也不是因为好奇驱使的标新立异。恰恰相反，这些动作要求都经过了人们的反复思量和研究，是相关领域的专业学者在进行了精心的选取和考量之后归纳出来的技术动作，其目的在于对运动员某方面的体能和技术进行有针对性的训练。正是因为具备了这些人工安排的运动竞赛（其中包含为竞赛而专门设置的运动训练）条件，运动员才能逐渐树立起许多优秀的心理素质，这些心理素质不仅能够让他们成为优秀的运动员和一个个运动记录的缔造者，更能让他们在赛场之外的生活中成为担负起各行各业的迫切需求的专业型全面人才。

（二）研究运动训练的心理规律

在现代运动训练学中，把运动训练看成与运动竞赛不同而又有联系的运动活动形式。一般来说，运动训练较运动竞赛运动量小、活动场合不同、任务不同，因而从事两种活动的心理紧张度、动机以及心理准备均不相同。为了保证运动训练质量，需要研究和掌握运动训练过程中所特有的心理特点和规律，否则很难达到高水平的训练要求，更谈不到为运动竞赛打下坚实的基础。例如，有一段时间，我国排球运动员普遍存在着发球质量差、接发球技术不过硬的问题。在正式比赛场合，往往因为发球不过网或者过网了没有攻击力量，使全队辛辛苦苦争夺过来的发球权，又白白送给对手；在接发球时又因技术不过硬，在对手攻击性的发球前束手无策，眼看着让对方直接发球得分，从而破坏了本队的整体战术行动。这种现象表面上看是一种技术问题，需要通过平时训练中增加练习来解决，但又往往在增加了练习时间之后，又出现运动员疲惫厌倦等问题。

透过现象看本质，在技术动作不佳现象的背后，隐藏着运动训练过程中的特殊心理规律。例如，运动训练场合比运动竞赛场合的动机水平不同。一般来说，在比赛时运动员的动机强烈，求胜欲望高；而运动训练时则动机水平不足，求胜欲望较低，甚至毫无求胜心理支持，当然会表现得松松垮垮。

（三）研究体育教学中的心理规律

体育教学是一种与其他学科的教学和普通的运动训练课都不同的教育形式。体育教学的主要面向是广大中小学以及大学的在校学生，开展目的在于使他们学习和掌握各种运动技能、提升自身的身体素质等。它包含许多种类的教学项目，如田径、球类、水上运动、冰上运动等几十种项目，在各种不同环境的教学训练场地中开展，涉及室内外环境、水中环境、冰雪环境、空中航模、登山原野等，其中也包含一些条件艰苦甚至有一定危险性的环境。这是体育教学和其他主要在室内开展的知识理论课的一大区别。所以，在开展体育教学时，教师、教练（课外训练）和学生都需具备完全不同于前述理论学科的心理准备和各类专项性的心理素质，这些都隶属于体育教学心理的范畴，要开展体育运动心理学研究，这一点就是必须采纳和深入发掘的主题之一。

主要活动形式采取学校体育教学模式的体育运动与专业队的训练课之间也存在很大的区别。一般来说，后者对受训练者提出的要求会更高，其规定的运动训练具有更为细致的专项分工和更长久持续的训练时间，运动员要面对的往往是较为单一和持续的学习任务，因此也能通过训练拥有更加良好的身体素质。而在校学生所进行的体育运动学习和锻炼与专业队的训练都有很大的不同。在校学生所要学习的运动项目总数虽然更多，但学习和训练的时间明显更少（每周仅有一到两个小时），学生在校内需要完成其他主要学科的学习任务，所以无法开展系统的专项体能训练，身体素质比较平庸；作为在校生的运动员拥有的是双重身份，作为学生仍然需要完成学业规定的学科任务，在主科之余参加体育课的学习，或作为业余的运动员参加训练。这些学生在接受体育课的训练时一般具备较为全面的运动心理准备，尤其是针对有一定危险性的运动项目的心理准备。学生的心理状态往往会发生学科学习与运动学习两者之间的动机转化和交互，或者由教学性运动向社会性专业运动竞赛（直白来说就是参加比赛）的转化等。体育运动心理学对这些规律展开专项研究，既确保为国家培养优秀的体育人才，也能为学生身心的正常发展保驾护航，并且对其学科学习产生积极影响，避免学生的消极行为在学生的家庭内部和社会范围内引发一系列负面反应。

（四）研究体育运动中的心理训练

伴随着现代体育运动的飞速发展，在广大运动员和学生中出现了各种心理障碍、创伤。为了消除这些心理障碍和创伤，相关人员研究出了专门的心理训练的方法。运动心理训练是采用人工性心理调节手段，改变运动员的不良心理状态，使其恢复正常，以保证运动训练和比赛的顺利进行，并对运动员和学生的身心健康进行自我调整。这是体育运动心理学中又一获得极大成功的研究课题，也是一项具有突破性的课题。因为体育运动心理学的这一成就，目前其应用范围已超出了体育运动活动的范畴，被移植到了医疗、军事训练以及艺术表演训练等各个领域中。

（五）研究体育心理品质、心理卫生、心理管理以及体育社会心理等问题

在体育运动心理学的研究课题中，除上述心理规律以外，还应当对有关于运动员（含学生运动员）的心理品质形成问题，运动中的心理卫生问题、运动中的心理管理以及体育社会心理规律的问题进行研究等。例如，日本运动心理学家的研究发现，在长期从事运动活动的体育专科学校的学生中产生了厌恶运动、侵犯他人、不守纪律等不良心理品质者竟占76%。这个惊人的数字，使许多运动心理学家大声疾呼：要研究体育运动中的积极心理品质形成和消极心理品质的防止！这既是值得研究的心理学问题，也是社会和运动员的家长都关心的有关未来一代人的发展的问题。

运动心理卫生问题主要是研究运动员的身心健康与疾病（心理障碍、创伤）防治问题。这些心因性症状有时可使许多身体素质、运动技术良好的优秀运动员中途"退役"，甚至造成伤残病症。

良好、和谐、友爱的运动团体，会产生"向心"的凝聚力量；矛盾重重的不协调运动团体会产生分散集体力量的"离心"力，涣散运动员的斗志。有时体育教师、教练无意中一句不当的话，会造成运动集体中出现十分紧张甚至对立的心理气氛，从而导致运动成绩的突然下降，但大家还不知其因。

随着体育运动活动的群众化、社会化，体育运动在增强群众健康、活跃劳动生活、改善社会运动风气以及对伤残弱体者的身心体疗等方面贡献显著。有研究表明，工间体育活动（如工间操）不仅会提高生产效率、减少事故，还能够极大地改变车间生产中的人际心理关系和心理气氛。工人之间的操作协调了，人际关系的紧张度降低了，爱厂如家、进行革新创造的先进工人增多了。"精神变物质"的规律在这里以社会体育心理的方式显示出来。

体育运动心理规律的研究，远不限于上述几个方面，随着体育运动心理学的发展，关于运动员的心理选材问题、运动员和教练员的个性特点问题、裁判心理、伤病残者运动心理、老年运动心理、儿童游戏性运动心理以及军事体育心理等，都是体育运动心理学应当研究的范畴。

第三节 体育锻炼心理学

一、体育锻炼心理学的内涵

（一）体育锻炼心理学的定义

体育锻炼心理学主要包括教育心理学、科学心理学和职业心理学三方面。学科内容则主要为利用这些学科所采用的研究方法来推动、保障和提高身体健康指标，它对于人体的肌肉力量、体力和耐力、可抵达的最大活动范围、心肺耐受性以及个体的身体结构等方面都进行了强调，并密切关注这些体质方面的变化、相对应的认知、体育运动中的心理和机体行为等问题。

体育锻炼心理学的具体含义涉及三个方面：一是作为一种融合性的学科，它和教育心理学、科学心理学以及职业心理学都密切相关，其发展离不开前述三个方面的基础学科的推动；二是体育锻炼的过程、结果以及锻炼期间产生的心理变化都涉及运动员的自我认知、心理波动和行为规律等方面；三是体育锻炼中的行为与人体固有的力量、耐性、肢体柔韧度。

（二）体育锻炼心理学的研究目的和研究内容

体育锻炼心理学研究的主要对象是体育锻炼为人体带来的心理健康效益，这种研究的开展和深入旨在激励更多人参与体育锻炼，改善并维持身心健康状态，在体育锻炼中达到理想的身心状态。体育锻炼心理学通常将研究的重点放在借助各种体育锻炼活动来维护和提高身心健康状态、构建良好的个人状态以及预防疾病和其他非良性身心状态的措施上。

二、体育锻炼行为的心理影响因素

（一）个性倾向

个性倾向作为一种基本的心理因素，会对一个人的体育锻炼行为产生深远的影响。心理学家经过相关研究和调查证实，体育活动的频率与个性的外向程度和自信程度成正比，往往一个人越积极地参加体育活动（每周至少运动两次），就会相较于不喜欢运动的人呈现出越低的神经质程度、敌意和社交障碍等，并且还会更加自信，在自尊方面表现得更加积极。可见，人的性格和其运动能力之间是存在着密切的联系的。某项心理研究证实，运动能力更强的人一般比运动能力弱的人呈现出更积极的生活态度，在日常表现中更具有活力和竞争力，自我意识相对强烈，也对于理想状态有着更高的追求。也有一些学者认为，人是否能坚持锻炼并积极参与其中，在很大程度上受到个性因素的影响，包括运动动机、抑郁、焦虑、性格内向与否等。

（二）社会体格焦虑

体育锻炼行为同样会受到社会体格焦虑的影响，社会体格焦虑指的是个体对他人针对其体格评价的过度重视和担忧。这种焦虑也会削减人们参与锻炼的热情和范围，比如，身体素质不佳者只能参加要求低、强度低的活动项目，如跑步等。

三、体育锻炼的心理健康效益

许多科学研究的结果表明：定期参加体育锻炼并保证一定运动量的人往往拥有更加良好的心理健康状况，足以证实运动健身对精神的积极影响。体育活动往往能够减轻许多负面心理造成的影响，比如减轻焦虑、抑郁、高压等；也可以增强积极心态带来的影响，比如自信、精力充沛、安定有序等。在体育活动的开展过程中，这些积极心理所产生的影响效果都十分明显，如果马上对刚刚结束体育锻炼的运动者进行心理测试，就可以发现，这些人的心理状态都较为积极，少有焦虑、紧张、压抑乃至心理紊乱的情况，而且精力和愉快程度显著提高。不过，就体育锻炼能否产生长期稳定的心理效益这一论点，目前学术界仍然未能得出较为统一的结论。也有部分学者坚持认为体育锻炼必然能够产生长期的心理效益，主要依据包括定期开展体育锻炼活动的人的心理健康情况往往优于没有锻炼习惯的人，能保持较长时间的积极情绪而避免焦虑和抑郁的状态。此外，还有一些学者经过研究分析认为，体育锻炼活动不仅可以起到优化个人的情绪状态的作用，还能够有效地改善睡眠质量、提高锻炼者对自身身体表象以及身体自尊的满意程度。

四、体育锻炼产生心理健康效益的机制

（一）心理学机制

从心理学的角度来说，它最为重视的是体育锻炼的长期作用而非短期作用。正面的思想和感情能够起到回抗消极情绪（如焦虑、悲哀和困扰等）的作用。要证实社会交往假设的真实性，就必须以体育锻炼者的本质认知为基本前提，锻炼者需要承认同亲人、朋友和搭档一起进行运动锻炼是一种令人愉快的活动，并且有利于改善心理健康状态。虽然社会交往假设对体育锻炼之于心理健康的促进作做了部分的解释，但是目前为止，它仍然未能提出一种能够被学术界和广大群众认可的、系统性的完整解释。相关研究结果证实，只要体育锻炼具有规律性和合理性，则无论其采取何种形式，比如参与者结成小组或者作为独立的个体参加体育锻炼，都能够对心理健康起到促进作用。注意力干扰假设的基本前提则是：体育锻炼对于个体来说是一个放松自我、反思困扰和改变心境的机会，人们可以在运动的过程中暂时脱离焦虑和伤感等情绪的负面影响。不过，并非只有体育锻炼具有这种功能，短时间的冥想和安静的休息同样能够帮助个体减轻焦虑感，另外，有学者在进行研究调查之后得出结论：相比同时长的放松行为以及其他能够分散注意力的举动，长时间的体育锻炼在减轻消极情绪方面能够产生更加明显的效果。

（二）生物学机制

目前学术界存在的生物学机制理论的主线大都是：通过体育锻炼活动引起的生理变化会进一步导致个体心理水平上的变化。类似理论的主要目的和功能在于对体育活动带来的即时心理效益，比如情绪改善、心理愉快等作用机制，进行分析和解释。现有的生物学机制理论主要包括心血管健康假设，胺假设以及内啡肽假设三种。其中，心血管健康假设建立在情绪状态的改良和心血管健康状态的改良之间存在一定关联这一理论基础之上，但是，目前大部分学术理论是不支持心

血管健康假设的。胺假设的理论前提是，如果神经传输元分泌的化学成分呈现逐渐增加的趋势，则对心理健康有利。相关研究发现，个体的抑郁情绪越严重，其体内各种胺，如去甲肾上腺素、血液中的复合胺和多巴胺的分泌量就越少，而且呈现持续下降的趋势。研究人员以小白鼠进行实验，发现进行了一定量运动的小白鼠脑内的去甲肾上腺素有明显的增加。内啡肽假设的主要内容则是：假定体育运动可以促使大脑产生一种和吗啡接近的化学物质，这种物质的主要作用是减轻疼痛感并产生正面的情绪。然而，这一假设也并未得到足够的证实，虽然学者们就此开展了许多研究，但始终未能够发现足够的证据论证内啡肽能够对运动和情绪状态的关系发挥确定的作用。

第四节 体育运动与心理健康

我国医学研究自古代其就开始探究人体生理和心理之间的关系，并有"因郁而致病""因病而致郁"等论断；《吕氏春秋·尽数》中指出"形不动则精不流，精不流则气郁"。屈原也曾经这样来描述体育运动对情绪的宣泄作用："登大坟以远望兮，聊以舒吾忧心"。从中不难看出，身体活动既可以使人接近自然，又可以让人抒发郁闷的情绪，起到调节心理的作用。回顾以往对身心关系所进行的研究可以看出，躯体和精神是不可分割的。

一、对体育运动的界定

（一）身体活动

身体活动在体育运动心理学的定义中是一个上位概念，它的具体含义是所有消耗身体能量的、由骨骼肌肉产生的机体动作，其测定单位一般采用1个单位时间消耗的热量。

（二）体育运动

体育运动通常是指有计划和规律，并且在一定时间段内重复的活动，如慢跑、举重、有氧锻炼等，其主要目的在于保障健康、锻炼身体、增强体能等。主要形式涉及各种与肌肉力量、心肺功能、耐力、柔韧度等和身体能力有关的活动。

二、体育运动对心理健康的影响

（一）促进智力发展

有规律的长期体育运动对人体产生的益处是多方面的，它不但可以增强神经系统的机能，进而强化诸如记忆力、专注力、想象力、判断力和反应速度等智力能力，还能帮助人产生更敏锐的空间和运动感知力。以乒乓球运动为例，在进行常规的项目时，乒乓球会以非常快的速度在空中飞行，平均下来，自球从本方台面发出起，到其落到对方的台面上，整个过程的用时不会超过 0.5 秒。而运动员就需要在这稍纵即逝的时间内，对来球的方向、转速、球速、落点等进行全方位的观察，还要即刻做出反应，制定相应的对策，进而立刻移动和调整步伐，调整击球的方位和球拍的角度，在这一系列活动之后挥拍击球。而要想适应赛场上瞬息万变的复杂变化，运动员往往需要不断地转变动作和策略，因此其在比赛中必须做到反应灵敏、思维集中，要使整个神经系统自始至终处于高度兴奋的状态，尤其是视觉神经系统，必须随时保持状态良好。从这些情况中可以看到，定期练习乒乓球运动可以有效地锻炼人的眼、手、脑等器官的反应速度和协调性，使锻炼者在运动中逐渐培养起灵活、机敏、冷静、果敢等优秀品质，并大大提升身体的协调性和灵敏度。

（二）改善人际关系

体育运动既源于生活又高于生活，拥有十分显著的相互交往性。特别是集体性的体育项目，它既要求参与者发挥个人能力，又要求所有人配合协作。因此，人们可以借助体育运动扩大交际面、分享信息，并学会关心和帮助他人，与他人开展有效交流，从集体中获得价值感和荣誉感，以及化解消极情绪等。

（三）改善情绪状态

体育运动能给人带来愉悦的情绪，降低紧张和不安。体育运动本身蕴藏着诸如竞争、合作、冒险、挑战、刺激、拼搏等刺激，这些都会引起人们相应的积极情绪体验，如愉悦、兴奋、享受、畅快等。研究表明，相当一部分经常从事体育运动的人较少出现紧张、焦虑和抑郁情绪。

（四）降低焦虑和抑郁水平

在心理治疗领域学者们已经达成这样的一种共识，体育运动是缓解焦虑症和抑郁症的有效手段之一。研究表明，诸如散步或慢跑之类的运动对降低焦虑和抑郁水平有较为显著的作用。

（五）帮助建立正确的自我概念

自我概念的具体内涵是，一个人对于自己的身体、思想和情感，会进行一种自发性的整体评价。自我概念包含许多种类、许多方面的自我认识，包括"我究竟是谁""我追求什么""我信仰什么"等哲学理念。如果一个人具有正确的自我概念，则代表这个人对自己有着十分客观且全面的认知，并且能够以积极的态度看待自己。体育运动就是一种协助个人更加全面深入地认识自我、了解自我的方式。体育运动往往以较有集体性和竞争性的活动形式呈现，在运动进行的过程，个体会十分明显地展现出自身能力的水平、个人修养的高低乃至个人魅力的感召力等，通过审视自己在运动中的表现，人可以对自我有一个较为客观、符合实际并且全面细致的认知。此外，如果在体育竞争中取得成功，人就能大大地提升自信心和理想信念，并且广泛赢得同伴和集体的认可，这样就能够让人更加清楚地认识到自己所承担和发挥的社会价值。体育运动还具有协助个体进行自我教育的作用。人可以在进行体育运动时发现自己的不足，也可以发掘自身独特的优势，由此不断地改正自己的错误认知和不当行为，并将自己潜在的优势和能力发挥出来，努力纠正和克服自身的弱势和疑虑，理性地面对和处理生活中的成功与失败。

三、体育运动改善心理健康的机制

有相当一部分研究者的观点是，体育锻炼促进良好的心理健康效应的作用有其生理学和心理学的机制。因此，在这一领域，出现了一些理论假设。

（一）生理学假设

1. 单胺类神经递质假说

单胺类神经递质假说认为，人在运动时，改善其心理健康的生理机制有可能来自其机体内单胺类物质的变化。身体运动能促进大脑分泌内啡肽，内啡肽具有强烈的镇痛作用。人体运动实验证实，抑郁病人在运动后，胺的代谢产物在尿排泄中增多。

2. 脑内神经肽假说

在一系列证实身体运动对心理健康产生的影响的研究中，脑内神经肽假说也是一个一度颇为流行的假说。这一假说的主要内容是：人类的大脑中存在着大约20余种神经肽，其中人类进行了最多相关研究，也是作用最显著的两种神经肽是内啡肽和神经肽。前者是一种较为烈性的吗啡类激素，主要分泌和释放自人脑内的脑垂体和下丘脑，它所拥有的作用和吗啡十分接近，都能够起到明显的镇痛作用，并且让人产生一种愉悦的快感，会影响到人类的记忆力、应激反应、免疫反应、摄食、血压调节、脑瘤生长及内分泌调节等生理活动，其作用显著且关键。而且这种由内啡肽引起的快感能够产生多方面的积极作用，比如缓解抑郁和焦虑的情绪、淡化困惑以及其他的负面情感。相关研究证实，人体保持较高体内内啡肽含量的主要方法就是维持长时间的定量运动（运动时长至少在60分钟以上）。有些高水平、富有经验的运动员在进行较为激烈的体育比赛时，即使身体状况不加，甚至受了重伤，仍然能够坚持比赛并夺得优异成绩，这也许就是因为其体内的内啡肽在产生镇痛作用。进行有氧运动能够引发人体内内啡肽的大量释放，这也是有氧运动能够成为改善心理健康状况的方法之一的原因，有些精神疾病患者可以通过有规律的定量有氧运动来缓解自己的某些症状，内啡肽可以说是一种天然的优质生理镇静剂。很多坚持进行体育锻炼的人在现实生活中都可以常常保持积极的思维模式和饱满的精神状态，对自己的生活充满信心，从这些实例中都可以看出内啡肽效应对人体产的积极影响。此外，内啡肽效应同样能对人的性格产生影响和塑造作用，它可以使人在精神过度紧张时进行自我调节，并抵抗来自各种外在因素的负面刺激，增强生理和心理的承受力。至于神经肽，这也许是唯一一种有助于缓解焦虑的内源性物质。所以有观点认为，体育运动可以对许多疾病起到治疗效果，比如高血压、免疫力不足、成瘾行为、抑郁症和神经性厌食等疾病，因为类似疾病的产生大都和人脑内的神经肽变化有关。

3. 心血管健康假说

心血管健康假说主要认为心血管功能的增强有助于心理情况的改善。体育锻炼（尤其是有氧锻炼）可以提升人体心血管系统的功能，进而增强血管的弹性和渗透性，这样一来就可以促进健康的血液循环，保障体温的恒定。

（二）心理学假设

1. 转移注意力假说

一般来说，一个人如果存在一定的心理健康问题，则有可能是由于其注意力长期停留在同一指定事物上，过分执着的情绪影响了正常的心理活动。而经常进行体育活动可以在一定的时间内分散或转移人的注意力，从而达到化解疑虑和困扰的效果，此外，还可以通过体育锻炼来发泄消极情绪，让压力得到及时的释放，缓解紧张情绪，不至于长时间神经紧绷，并让情绪逐渐向稳定的状态发展。不仅如此，体育运动同样能够成为日常生活中的各种常见负面情绪公开且合理的发泄方式，有效化解人在遭受挫折后产生的冲动情绪，使其向更加积极、更有激励意义的方向发展。部分体育研究的结果表明，如慢跑、游泳等有氧运动都有助于使运动者进入自由思维的状态。在进行单调的重复性动作的过程中，运动者会逐渐进入冥想状态，思维活动趋于深入化，这样可以促进运动者开展思维反省，一点点恢复脑力。而如果运动者进行的是一些集体性的项目，如篮球、排球等，那么就需要将全部精力投入运动之中，没有能力也没有时间多思考原先使他们感到困扰的问题。集体运动对精力和注意力的潜移默化的转移能够实现调节情绪的效果，从而对锻炼者的心理健康起到积极作用。

2. 认知行为假说

体育运动会使人产生更加积极的思维和感情。这些思维不仅有助于抵抗和化解消极情绪，还可以使人们产生克服困难、体验成就感的情绪。

3. 自我效能感假说

心理痛苦的人存在一个共性，就是人的主观无能感，即感觉无法应付他自己及周围的人都觉得他能够处理的问题。其典型的表现是，对自己丧失信心，不仅感到失去了对外在环境的控制能力,而且还失去了对自身情感和思维的控制能力。由于体育运动往往是个人主动、积极参与的运动,是运动者自觉、自愿参与并在其能力范围内的运动,锻炼者在体育运动过程中往往能够有效地控制自己的身体,并感到自己有控制的能力,因而获得了自信,产生了运动的愉悦感。

简而言之,自我效能感假说认为,体育运动中的控制感和成就感有助于运动者看到自己的价值,增强自信,提升自我效能感,从而提升他们在其他方面的心理潜能。

四、增进心理健康的运动处方

(一)矫正不同心理问题的运动处方

1. 矫正时常焦虑、性情暴躁的运动处方

有些人会对无关紧要的事情产生极大的焦虑反应,个性急躁,遇事难以冷静处置,这时就可以用一些要求精神稳定、意志集中专一的运动,如台球、棋类、太极拳等,做神经系统的训练,以缓解该类心理问题。

2. 矫正不自信的心理倾向的运动处方

不自信的根结是心理素质不高,矫正的方法是参加对心理素质要求较高的体育运动项目,如武术、健美操、体操、游泳、摔跤、滑冰、滑雪等,这些项目都具有表演性和挑战性。参加此类运动,可以克服胆怯心理,让个体能够大胆表现,勇于接受挑战,克服困难,完成一次次自我超越。

3. 解除疲劳、调节睡眠的运动处方

人们在参加有氧运动和肌肉力量锻炼等运动项目时,可以发泄负面情绪,消除紧张感,调整心理状态,恢复心理平衡,从而消除疲劳,甚至改善性格。另外,此类运动还可以有效放松大脑运作,提升睡眠质量,从而提高学习和工作的效率。

(二)运动处方的实施过程及模式

1. 咨询与测试

制定处方前,先对处方实施者施以心理咨询或简易心理测试,借此判定其健康情况和性格特点,为之后安排合理的处方做准备。

2. 比较分析

分析心理测试得到的结果，对处方实施者的情况进行处理，分清问题的主次，并从定性和定量两个方面进行考核。通常情况下，学校的心理咨询部门或心理教师都可以进行前述的两个步骤。

3. 制定处方

结合比较分析所得的结果选定合适的运动项目。在制定处方时，必须严格按照处方制定的原则进行，将处方实施者的生理特点与心理取向纳入考量因素。同样内容和强度的运动可能对不同的个体产生不同的影响效果，而同样的练习内容也会因为个体心理适应程度的区别而产生不同的效果。

4. 处方的实施

处方实施者应当严格遵循处方的要求，按时进行运动。

5. 再测试与数据分析

在运动处方落实一定时间后，一般用时6到8周，再对锻炼者进行心理测验，来考核处方的实施效果。

6. 调整处方

将再次测试的结果和初始的结果进行比较，并进行分析和做出下一步规划，如果发现有不当之处，则要及时调整和改良处方内容。

（三）制定心理健康运动处方的原则

1. 兴趣导向原则

运动处方的制定应当充分结合处方对象的兴趣，尽可能借助其喜爱的项目来实施，这样既能充分地调动起处方对象的热情，又能提高他们的积极性，收效也会更显著。

2. 可操作性原则

处方的发起人在确定其具体内容之前，需要对处方的针对对象有较为充分的了解，包括对象生活的环境周边可利用的场馆设施、能够接触的运动器材等，之后再从实际的情况和条件出发，给出最为合理、可操作性最强的运动处方。

3. 针对性原则

不同的运动处方所针对的症状不同，能够产生的心理功效也不同，所以要想制定合理的运动处方,就需要事先了解和分析处方实施者的心理倾向和心理问题,判别其特征和所属类型,只有在详细掌握处方对象的真实情况之后,才能令处方达到"对症下药"的效果。而且,即便面对的是拥有同种问题的处方实施者,也要将其分别而论,将处方实施者的年龄、性别、心理状态、身体状况等因素纳入考量,运动内容、运动强度和运动频率都要因人而异,如此才能收获理想的效果。

4. 负荷强度适中原则

和提升身体素质的运动处方不同,保障和改善心理健康的运动处方必须确保适当的运动强度。若运动强度过大,就会给处方的接受者带来运动损伤,如过度劳累、肌肉拉伤甚至休克等,更会引起其抵触情绪,害怕劳累、受损,排斥体育活动,反而适得其反;而若强度不足,则又不能满足身体发展的需求,无法实现借助体育锻炼改善身心状况的目的。

5. 有氧运动原则

从许多事实和研究理论中,可以发现,一个人心理状况的变化和其进行有氧运动练习的情况有关,有氧运动可以明显降低应激情况的频率。以慢跑运动为例,慢跑带来的许多正面影响,例如紧张感和焦躁感的祛除、自我意识的强化、对外来压力的精神承受能力的提升以及跑步者高潮的运动规律等,都和一个人的健康幸福感紧密相关。就这一点来说,消遣性游泳和慢跑存在明显的相似之处。这二者作为体育运动项目,在定义上都属于有氧运动,并且都有明显的个体性、周期性和动作节律性。不过,有关有氧运动的研究和理论还远非这样简单,除去"有氧"这一特性,身体活动或者运动锻炼中进行的腹式呼吸也可能是情绪效益产生的原因之一。运动学和心理学学者在对步行、瑜伽、低运动负荷功率自行车等项目的参与者的心理效益进行研究之后得出结论,这些项目会促使参与者采取腹式呼吸特征,而心理效益的产生和这种呼吸方法有着密切的内在关联,可以说,相较"有氧"这一特性,腹式呼吸才是更有助于产生心理效益的运动要素。我国的本土传统健身方式就一直非常重视有节奏的腹式呼吸,很早就认识到了其对人体身心健康所产生的积极作用,诸如太极、气功、导引等传统项目都非常注意锻炼者的腹式呼吸,这也可以视作证实腹式呼吸对正面情绪促进作用的实例。

6. 安全性原则

在确定运动处方之前，应当仔细考量其落实过程中的安全性，对所用的运动场馆和设施进行定期全面检查，合理科学地规划处方的负荷量和运动强度，这样才能减免处方实施者在运动过程中受到运动损伤的情况，特别是有危险性的运动项目，要有保护措施，确保运动处方的实施顺利安全地进行。

第五章　体育教学创新研究

本章主要内容为体育教学创新研究，共分为三节，第一节为体育教学方法的创新研究；第二节为体育教学模式的创新研究；第三节为体育精神与文化创新研究。

第一节　体育教学方法的创新研究

一、高校体育教学中多媒体技术的应用

（一）多媒体 CAI 在高校体育教学中的应用

1. 我国 CAI 的发展现状

在当下的教学环境中，CAI（Computer Aided Instruction，简称 CAI，是指在计算机辅助下进行的各种教学活动）的应用越来越广泛，教育工作者可以将先进的网络技术、计算机技术、多媒体技术、通信技术及其设备投入课堂应用，以达到理想的课堂状态。因此，确保足够数量和高质量的 CAI 课件大规模地投入教学应用，并促进其推广，对于教育的发展能够产生十分深远的意义。

2. 多媒体 CAI 的发展趋势

多媒体 CAI 的应用主要呈现出三个发展方向，具体内容如下：

（1）呈现网络化的发展方向

计算机技术特别是网络技术在 21 世纪持续高速发展，并在全世界范围内不断推广。受到这一革命性的新兴技术的影响，人们的生活和工作方式都产生了天

翻地覆的转变。多媒体技术的应用能够为网络技术的发展提供支持，而网络平台则是多媒体技术的主要应用领域，所以，多媒体技术的发展让网络具有了更加强大的表现力。如果将 CAI 课件应用于网络中，可以使教师将更先进的教学模式呈现给广大学生，从而进一步实现多媒体 CAI 的群体教学模式的构建。

（2）呈现智能化的发展方向

多媒体教学软件往往具有与智能教学辅助系统相辅相成的功能，二者之间有着互补性的关系。如果教师可以实现两种教学手段的有机结合，那么就可以做到在补充完善两种手段各自的不足时，将其主要优势发扬光大，从而促进性能更加优良的新一代多媒体 CAI 系统的诞生和推广。假如要让多媒体 CAI 拥有一定的智能性这一构想成为现实，那么相关研究人员不仅需要将人工智能领域的学术表达和知识推理紧密关联在一起开展研究，还必须深入探讨学生模型的建构问题，需要归纳总结出一套适应多媒体环境的、全新的知识表达方式，以及和其相对应的推理机制，并将其应用于人工智能领域的知识表达与知识推理问题。

（3）呈现虚拟现实的发展方向

虚拟现实是人工世界的一个类型，拥有交互的性质，其实现需要借助多媒体技术和仿真技术的有机融合，使用者在身处这种人工交互的情境中时，会产生一种身临其境的感觉。一般来说，虚拟现实技术对设备要求较高，如果想要真正进入虚拟现实所构建的环境，参与者需要佩戴虚拟设备的特制头盔与手套。

3. 多媒体 CAI 具有的优势分析

在高校体育教学课堂教学活动开展的过程中，由于高校体育教学内容与高校体育教学任务方面存在着一定的需求，因此，多媒体 CAI 能够科学地、合理地对现代化教学媒体进行选择，并进行应用。而信息的全方位传递需要人体的多种感官，同时能够对于媒体组合开展的系统教学进行反馈与调控，在高校体育教学课堂教学开展的过程中，应保证它的存在是始终有效的，从而实现高校体育教学过程的优化。

多媒体 CAI 高校体育教学同传统的高校体育教学活动相比较，具有的优点有以下几种：

（1）体育教师在指导学生体育学习活动的过程中对其系统进行利用

在现代化高校体育教学中，计算机可以容纳和传递大量的教学相关信息，可以根据高校体育教学的实际需要实现人机之间的对话，并且能够自由地调用或开展各种各样的高校体育教学活动。

（2）帮助学生快捷建立相关动作概念

如果能够将多媒体 CAI 应用在体育课堂教学过程中，就能够促进力量教学效果的获得。例如，体育教师在足球理论课堂的讲授中提到了"越位"这一概念时，往往可以让大部分学生较为明确且直观地了解其具体内容，但是，这并不代表学生一定能在真正的实践活动中熟练地掌握教师所讲述的技巧，所谓神至力不至。所以，在讲解体育概念和术语的过程中，体育教师可以借助一些更加生动形象的办法，例如画图等，使学生的理解更加深刻。另外，也可以充分利用声像之类的资料，向学生广泛展示足球比赛活动中一些典型或者非典型的"越位"镜头，从各个视角进行观察，让学生亲自观察和理解何谓"越位"，与此同时，还要在影像中加入与其内容相匹配的、由细致的思考和分析得出的解说词，充分地调动起学生的各个不同感官，从理性上与感性上使学生对这一概念进行理解。

（3）借助多媒体技术进行教学

学生可借助多媒体技术进行自我学习、自我测验与自我评价，由体育教师利用直播或录制视频的方式向学生传授，保证学生的体育学习活动不仅能够在课堂上进行，还能够在课堂教学结束后开展，即复习或自学。

（4）向学生及时、准确地反馈其学习过程

按照传统的高校体育教学过程的要求和流程，教师在教授和分析跳远动作时，会指出学生做出的不规范腾空动作或者是没有达到规定标准的动作，但是有时候学生可能并没有意识到错误的动作，因此导致教师和学生之间出现了沟通障碍，需要注意的是，如果想要消除掉此种障碍，学生就需要在体育教师的悉心指导下，对某一种动作一遍一遍地不断重复，并且在不断的重复练习中对动作的要领不断体会。如果体育教师对每一次学生做的跳跃动作进行录制，进行慢动作处理，再组织学生进行观看，就可以使学生能够及时地发现存在的问题并予以纠正。还可以利用计算机的处理功能，事先录制一些优秀学生所做的动作，再将两者进行对比，就能够很明显地得出两者之间存在的区别。此外，这种多媒体 CAI 技术在专业运动员的训练中也同样适用。

（5）使学生的体育学习兴趣提高

在传统高校体育教学活动开展的过程中，鉴于高校在体育教学形式与体育教学手段存在的问题，想要调整学生由于学习过程反复、辛苦、无聊而产生的不能积极应对学习的心理状态是不容易的。综上所述，多媒体CAI能够刺激学生的各种感官，对知识或信息进行最大限度的吸收。

4. 体育多媒体CAI课件设计

体育课件的结构主要由原理教学模式和训练教学模式两个主要部分构成，而体育多媒体CAI课件则由高校体育教学内容与高校体育教学目标两个方面作为其总体的结构组成，其中，主要目标包括使学生有效掌握体育基础知识和基本技术、技能，并强化提升学生的身体素质，在教学过程中培养和塑造学生的良好思想品德，提高各种身体能力，如观察能力、模仿能力等。而体育多媒体CAI课件的主要内容由理论课与实践课构成（图5-1、图5-2）。

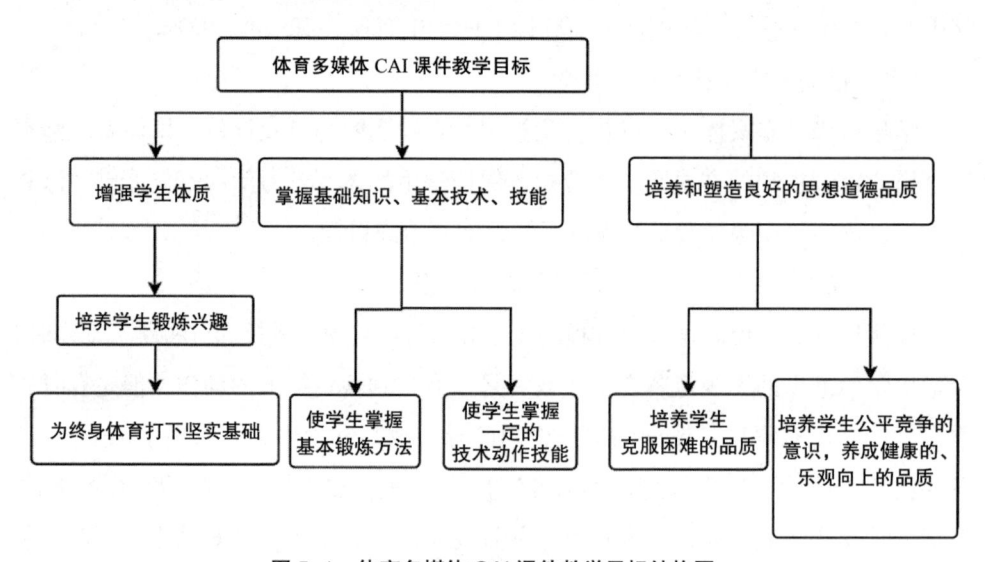

图5-1 体育多媒体CAI课件教学目标结构图

（1）体育多媒体CAI课件设计步骤

体育多媒体CAI在设计的过程中，主要包含四个主要步骤，具体内容如下：

在体育多媒体CAI课件进行设计的第一阶段，首先要对题目进行确定，之所以要以对题目进行确定，目的在于对课件设计所依据的规范进行了解。

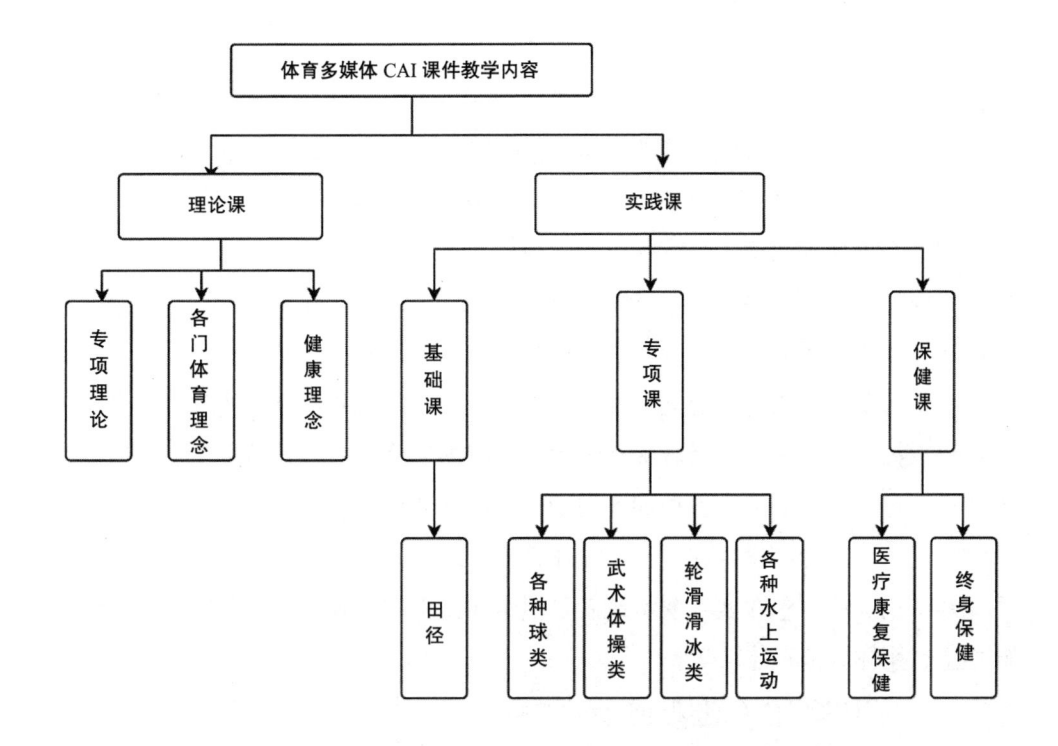

```
                    ┌─────────────────────────────┐
                    │  体育多媒体 CAI 课件教学内容  │
                    └─────────────────────────────┘
                         │                │
                    ┌────┴───┐      ┌────┴────┐
                    │ 理论课 │      │ 实践课  │
                    └────────┘      └─────────┘
                  ┌────┬────┐    ┌──────┬──────┬──────┐
                专项  各门  健康  基础   专项   保健
                理论  体育  理念  课     课     课
                      理念
                                  田径  各种   医疗
                                        球类   康复
                                        武术   保健
                                        体操类 终身
                                        轮滑   保健
                                        滑冰类
                                        各种
                                        水上
                                        运动
```

图 5-2 体育多媒体 CAI 课件教学内容总体结构图

在体育多媒体 CAI 课件设计的第二阶段，要撰写脚本。撰写脚本的目的是对高校体育教学的内容进行安排。

在体育多媒体 CAI 课件设计的第三阶段，需要编制软件，前两个阶段中还只是纸上谈兵，但是这个阶段所完成的是课件的实际材料。

在体育多媒体 CAI 课件设计的第四阶段，需要开展测试、检验。当完成了体育多媒体 CAI 课件的开发、设计工作以后，需要进行测试和检验。

（2）体育多媒体 CAI 课件的选题原则

体育多媒体 CAI 课件具有的特点与优势是非常强大的，然而，有时候也会有不足与局限存在，因此，在完成教学任务的过程中，不能对体育多媒体 CAI 课件过分依赖，还应该对高校体育教学目标、高校体育教学条件、高校体育教学资源与高校体育教学内容进行充分考虑，确保最优化选择的制定，进行不同高校体育教学的个性化设计。

体育多媒体 CAI 课件设计的价值是教育工作者要优先考虑的要素，也就是某节课是否一定要使用课件。基于对于体育多媒体 CAI 课件而言，其自身具备较为丰富的功能，能够将声音、视频、动画、效果汇集在一起，更贴切地模拟自然、表现自然，或者是在实验条件的支持下，通过局部放大、旋转与重复等多种方式展现内容，这样才能切实地应对和化解高校体育教学中可能遇到的重点和难点。模拟训练必须体现明确的、有针对性的目标，在这当中，初级训练是相对适合采用多媒体形式开展的模式。体育多媒体的模拟功能是相当高效且涵盖面广泛的，可以比较准确地还原高校体育教学中可能出现的各类模拟技能训练。比如，教学过程中会出现一些具有一定危险性、开展相对困难的实验项目，这时体育多媒体就可以发挥替代作用，降低教师和学生所承担的风险。另外，学生在高校体育教学的训练过程中还会遇到各种训练周期较长或开展成本相对较高的实际操作，在这种情况下，教师和学生在进行高校体育教学内容的分析和选用的时候，应该尽可能地采用那些不包含实际演示或者是演示实验不方便开展的教学内容，在此基础之上运用体育多媒体教学。

（3）体育多媒体 CAI 课件的设计原则

①体育多媒体 CAI 课件设计的结构化分析原则

结构化分析原则对于体育多媒体 CAI 课件的设计理念和过程来说是一个不可缺少的参考依据，本书所要叙述和分析的结构化分析原则主要含义是在进行体育多媒体课件设计的时候所采用的系统分析的措施，结构化分析原则会遵循事物的结构要素组成对其展开有顺序的分解，如果按照这一方法，研究者能够较为清晰地理解研究对象所包含的要素，并能够通过自己的方式对其进行描述和表现，那么这时对事物的分解就可以停止了。遵循结构化分析原则的体育多媒体 CAI 课件的主要作用在于以层次化的方式更加清楚地描述高校体育教学的具体内容，达到纲举目张的教学效果。这种教学理念所传授的知识无论是从系统的宏观角度，还是从局部的细节角度，都体现出面面俱到、细致入微的特点，所以，它能够对体育多媒体 CAI 课件中框架的构建和延伸以及学科内容的安排产生不可忽视的积极作用。

②体育多媒体 CAI 课件设计的模块化设计原则

这里所提到的体育多媒体 CAI 课件设计的模块化分析原则内涵主要在于，研究者遵循前文提到的结构化分析的框架图指示，对内容一致或近似的课堂组成按照模块的形式进行设计,让其成为一个个彼此独立的部分,并通过模块图的形式来反映独立的功能模块的组成和构造,在此基础之上一步步分析和掌握完整的课件系统和与之相对应的功能结构,从而为结构化编程提供更多的有利条件。

从目前的相关研究结果来看,一系列事实已经证明了体育多媒体 CAI 课件的模块化设计能够发挥的积极作用,它不但能够缓解冗杂庞大的内容编程给研究者造成的负担,还能够统一和规范课件的风格,使其制作过程更加趋于程序化。

③体育多媒体 CAI 课件设计的个别化教学原则

在对高校体育教学内容进行选择与组织的时候,应该做到具有全面的适应性,不管针对属于哪一层次的学生都能够发挥其作用。与此同时,高校体育教学的程序和对策应当按照学生各自能力的差异进行与之相应的设计。比如,学生需要学会判定和掌控自己所学内容的深度和涉及领域,同时对自身的学习能力、发展速度都有较为客观而全面的认识。

④体育多媒体 CAI 课件设计的反馈和激励原则

在体育多媒体 CAI 课件设计中,要保证友好的交互界面,有效地调动起学生对体育运动的参与热情,让学生在学习的过程中持续保持良好的学习状态,另外,还要让高校体育教学的效果获得及时的、显著的强化,让正向的鼓励作用在教学实践中得到充分的发挥。

⑤体育多媒体 CAI 的教学设计原则

体育多媒体 CAI 课件的设计中自始至终都展现着教学设计的原则,体育多媒体 CAI 课件的设计理论以及设计方法不仅包含和展示着体育课堂教学的特征,也体现着体育多媒体 CAI 课件设计的策略和原则。在对高校体育教学的结构与内容进行设计的过程中,体育教师不能单纯地依靠传统的方法与经验,还要适当地使用系统的技术和方法,对高校体育教学目标进行设计与分析,以及对高校体育教学的相关工作进行实施。

(4)设计体育多媒体 CAI 课件的具体方法

在开始设计体育多媒体 CAI 课件之前,体育教师应该对课件设计工作的重要性进行明确。现阶段,有一些体育教师不能够把握体育多媒体 CAI 课件的精髓所在,只是一味地去追求最新的科学技术,一不小心就对体育多媒体 CAI 课件的性质进行了改变,使之成了多媒体成果展示,这样是不正确的。之所以出现这样的结果，主要是因为教师没有明确高校体育教学中体育多媒体课件起到的作用，需要注意的是，在高校体育教学过程中，体育多媒体课件发挥的作用不是主要的，而只是辅助性的。在体育课堂教学开展的过程中，教师仍然发挥着主导作用。只有将体育多媒体CAI课件的设计工作做好，才能够制作出更多优秀的课件。在设计体育多媒体CAI课件的过程中，可以考虑从以下几个方面进行考虑：

①从体育多媒体CAI课件的可教性方面考虑

制作体育多媒体CAI课件的主要目的在于调整和优化原有的体育课堂教学结构，并充分提高体育课堂的教学效率，不仅要保证改善体育教师的教的效果，还要促进学生的学。所以，在设计体育多媒体CAI课件之前，应当对其存在的教学价值进行考虑，判断该堂课是否需要使用CAI课件。通常来讲，如果传统的高校体育教学方式已经能够完成教学任务，且收获理想的教学成效，那么花费大量的精力对体育多媒体CAI课件进行设计就没有必要。所以，在对体育多媒体CAI课件的内容进行制作时，应该尽可能地选择原先没有相应的演示实验或者是不方便开展演示实验的高校体育教学内容。

②从体育多媒体CAI课件的易用性方面考虑

对于体育多媒体CAI课件而言，应该能够清楚地表达出高校体育教学的目标、高校体育教学的步骤与高校体育教学的具体操作方法，同时，有一点需要注意的是，在同本机脱离的情况下，在其他的计算机环境中，体育多媒体CAI课件也能够正常运行，因此，需要对于以下几个方面具体的内容进行注意。

体育多媒体CAI课件应该便于安装，且能够随意拷贝到其他硬盘上使用。体育多媒体CAI课件应该保证启动比较快速，避免体育教师和学生焦急等待的情况出现。

体育多媒体CAI课件的操作界面应当易于掌握。就一般体育课程所需的多媒体CAI课件而言，其操作界面需要具备一部分有实际确定意义的按钮及图片，基础操作可以通过鼠标来完成，尽可能避免一些过于复杂的特殊情况，比如过于繁复的键盘操作等。另外，还要在体育多媒体CAI课件的各个内容和组件之间进行合理的安排、划分与转移，以确保基本操作、链接抵达、向前和向后等步骤的顺利进行。

作为信息设备，各使用者之间有效及时的信息交互是体育多媒体CAI课件必须确保的基本方面。教师在利用体育多媒体 CAI 课件开展教学实践的过程中，要定时高效地检验其在信息交互、教学反馈方面产生的效果。不可以将体育多媒体 CAI 课件单纯地作为播放影音材料的工具，这样就限制了其真实作用的发挥，也限制了多媒体课堂教学的效果。另外，将学生的科学学习过程纳入教学规划也是体育教师应当予以充足重视程度的教学方面，让学生学习的过程充分体现"循序渐进"的原则，同时使学生在课堂和课余的学习中拥有更宽泛的自主思考空间。

③从体育多媒体 CAI 课件的艺术性进行考虑

就特定的某一类体育多媒体 CAI 课件而言，其现实演示不仅需要确保合格的高校体育教学效果，还不能过于单调乏味，要充分调动学生的兴趣、积极性和参与性。只有满足了这一系列要求，才是在体育教学中实践了美学要求与美学理念，让师生在知识交流的过程中获得审美享受。符合前面提到的这些要求的体育多媒体 CAI 课件可以被认为具有较为突出的艺术性特质，实现了高质量教学内容和形式美的外在的有机结合。不过，这些条件的达成是一个漫长而艰巨的过程，体育教师在构思和制作课件的过程中，不但需要掌握一定的美术理论，奠定扎实的美学基础，还要拥有内在的审美情趣。因此，假如不对个人的文化素养和教学能力有充分的把握，就难以全面达成前述的目标。

体育多媒体 CAI 课件的一个重要特征及要求是其艺术性特征，这一点主要表现为展示界面的视觉效果光影色彩适宜、各部分的结合搭配安排科学得当，音画符合学生的视觉体验和心理诉求，与学生的思维产生共鸣，同时，如果希望多媒体 CAI 课件能够展现更加生动逼真的音像，就可以尝试将 3D 效果引入制作，提升画面的表现力和流畅性，减免播放过程中的卡顿和跳帧等不利情况。另外，本书在此处特别强调，在同一体育多媒体 CAI 课件画面中，同时存在的运动对象最多仅有两个；同时，配声的质量也非常重要，音色应当流畅润滑，并辅以适当的配音作为补充。

（5）体育多媒体课件制作工具的选择

体育多媒体课件制作工具的选择和应用对于体育多媒体课件的创作工作来说至关重要，假如制作工具拥有多样的性能和便捷的功效，则必然可以为体育多媒体 CAI 课件的现实应用创造更加显著的成效。作者将在接下来的讲解与分析中从几个不同的方面对较为有代表性的体育多媒体课件创造工具与开发工具进行简单的对比分析。

①选择体育多媒体制作工具的基本原则

体育教育工作者要设计合适的体育多媒体课件,就一定要善于选择有编排功能、有助于促进制作各式节目的多媒体工具。而在借助创作工具构建和完善多媒体的历程中,对于编著语言的要求往往是高级语言,需要具有联通性的信息设计环境和通俗易懂的特性,这一系列要求的主要目的在于向用户编制提供各个方面的便利。所以,多媒体创作工作的顺利开展和合理选择对于体育多媒体CAI课件的设计来说是一个意义重大的环节,在很大程度上有助于促进和维护体育多媒体CAI课件的功效与教育作用的实现。

高效原则。多媒体的开发、创作工具的实际应用对于体育多媒体课件的创作过程而言都是不可或缺的环节。就多媒体开发和创作工具这两个基础性环节而言,其表现的主要特点包括:容易操作、便于实现,呈现的表达效果涉及广泛、内容细致,作为媒体信息有着较高的完成度和整体性,学习者和使用者的所见所闻即是所得。此外在体育多媒体课件的备课操作和课件编写的实施领域彰显出十分理想的高效优势,而这些也是传统的语言系统所无法企及的长处。

易用原则。教师的教学方法是因人而异的,会随着教师个体特性、实际教学环境和教学条件、学生学习态度和接受效率等因素产生微妙细致的变化。可以说,即便是同一种知识的传授,有多少位教师在进行讲授,就会出现多少种各不相同的教学方法。对于体育多媒体CAI课件的实际操作来说,简易、实惠、便捷、快速上手等种种要求都是其在具体实施中必须满足的,而如果体育教师希望自己能够将多媒体课件切实地普及到教学工作当中,并有效地发挥其作为信息资料的优势,就应当选择操作便捷、能够在短时间内快速开展的体育多媒体课件制作工具,甚至就算体育教师自身完全不具备程序设计方面的知识,乃至没有系统地了解过计算机的操作流程,也可以随时随地构思和设计体育多媒体课件。

开放原则。对于高校体育教学的实施和运行,能供教育工作者发挥利用的素材并不是单一的,是具有相当的包容性和多样性的,所以,用于制作体育多媒体CAI课件的体育多媒体CAI课件创作开发平台需要能够为任何多媒体格式所兼容使用,不仅可以向教育工作者提供乃至引导开发各种不同的高校体育教学素材,还可以向现有的所有设备格式中输入和利用。另外一项重要的准则则是这种平台应该确保其容纳的所有素材都能基于平台环节而得到深入全面的应用，无论在哪一类计算机或其他多媒体设备中，其生产的产品都能够体现出广泛的适用性。

价廉原则。所选的体育多媒体课件制作工具价格应当在合理的经济范围内，这不仅是学术范围内的工作指标，也是在其他所有领域中通用的准则。但是，必须强调的是，"价廉"要建立在"质优"的基础之上。

②体育多媒体课件制作工具简介

体育多媒体制作工具的选用是体育多媒体教学课件创作这一过程中必不可少的环节，而要想选择使用方便、成果优良的创作工具，就应当在选择之前对各种工具所拥有的功能有较为充分且详细的了解。就一般情况而言，体育多媒体课件制作工具会包含许多不同的功能。

体育教师在制作和完善体育多媒体CAI教学课件时，如果将用以架构体育多媒体的工具安排在不同的界面里，就有可能相对应地产生各不相同的创作特征与创作风格，而这就意味着任何一种多媒体工具都会拥有其自身独特的优势以及短板。然而，创作者个人的取向和实际面对的教学任务及目标才是选择和应用这些各不相同的、作为创作工具的界面的标准。举例说明，假如要制作课件的内容仅仅是针对一部分学术会议的总结报告或研究生答辩稿件，则可以只使用制作幻灯片的多媒体工具完成课件，而不需要那些更加复杂的编程软件等。但是，作者仍需要在此做出强调，假如教育工作者的教学目标主要在于制作针对某一专业领域内知识的教育教学软件，由此更加高效地协助学生进行个性化、专业化的教育训练，或者要求在现实操作中进行练习应用，则不能再仅仅依靠简易的幻灯片制作工具之类，而是需要选用交流性、专业性都更加明显的多媒体制作工具。

在创作体育多媒体CAI课件的流程当中，教育工作者会经常接触幻灯式多媒体创作工具这一媒介。通常来讲，幻灯式多媒体创作工具呈现出以线性为突出特征的形式，本质上属于一种体育多媒体创作工具。而此种创作工具的实际应用表现则主要体现为借助一系列经由排列组合的幻灯片来完整地反映教学过程，也就是将显示屏幕依据一定的顺序分别呈现。这里所介绍的幻灯片可能是单纯以由文字组成的幻灯片，也可以只包含与课程有关的图片等，但同样能够将音像、动画、文字、视频或者动画等多种要素结合在一起的体育多媒体课件复杂组合。但是，此种体育多媒体课件创作的幻灯式多媒体创作工具，在开始使用之前必须拥有一个预先设置完整的展示程序。

对于体育多媒体课件创作的幻灯式多媒体创作工具而言，已有一些特殊功能能够提供一定程度的交互，再按照一定顺序安排体育多媒体教学CAI课件界面中存在的键盘操作、鼠标操作与按钮操作，在对体育运动技术动作进行设计的时候，要借助动作按钮的功能，完成超级链接，其显著特点就是简单、易学、易用。能够将一个动作展示完整呈现出来，不仅包含集成工具、格式化流程、绘画，还包含了其他的多种选项。此外，对其包含的许多模板，可以直接进行调用，但是，其也是存在缺点的，即只存在简单的交互，甚至是缺乏交互，并且存在的交互只是在幻灯的线性序列的点之间进行跳转。在学术报告、汇报与演示过程中对此种幻灯式多媒体创作工具使用较多。

书页式多媒体创作工具的主要特点是，将相关的高校体育教学内容制作成一本书的形式，当然也存在"页"，并且这些页像书稿一样，也有一定的顺序。而上述的这一特征同体育多媒体CAI课件创作的幻灯式多媒体创作工具是比较相近似的，但是，两者之间也存在一定的差别，即在页与页之间也能够有效支持更多的交互形式，给人一种身临其境、能够浏览真实书稿的感觉。书页式多媒体创作工具的典型是Tool book（工具书），此软件能够对应用程序进行想象，使之成为具有很多页的书籍，它自己的窗口可以展示每一页的内容和画面，有大量的交互信息与媒体对象包含其中。可以说，书页式多媒体制作工具与幻灯式多媒体创作工具相比，在结构方面，交互能够在一页内完成，显示出更加丰富的特点。对于Tool book来讲，在一个独立存在窗口上，每一次只能显示出一个内容。因此，在应用程序中实现的智能只能利用页面不同的现实来完成。此外，还能够在打开某一本书的某一页内容的时候，同时打开其他的书籍，所以其对于一个更加复杂化的层次结构的建立可以进行充分的考虑，也就是所谓的书架式应用程序。此种书架式的应用程度的原理在于在书架上，将多种多样的事物当作一本书进行放置。

Tool book是面向水平较高的对象开发的，它能够提供一种面向对象的程序设计语言，两种相关的信息可以通过这种语言在一起链接，从而对于各种任务的完成起到一定的促进作用。例如，可以用于动画声音、计算数字、播放图像等等。此种体育多媒体课件创作工具的特点一般在其对应用程序的组织方面体现出来。此种创作工具具有较强的超级链接能力与超级文本能力。对于 Tool book 而言，如果按照使用的角度对其进行划分，就能够分成两个主要层次，分别为 Tool book 的作者层次与读者层次。从读者层次上而言，用户能够执行对书的各种操作，同时阅览它的内容；从作者层次上来讲，设计者能够使用命令来实现对新书的编写，在修改对象或者程序中各个页次对象等的时候可以对调色板与工具箱进行利用。

③时基模式创作工具

我国所说的时基模式创作工具是一种常见的多媒体编辑系统，主要将时间作为基础，通过此种编辑创作工具制作出的内容近似于卡通片或者电影。时基模式创作工具通常是利用看得见的时间轴来对显示对象上演的时间段与事件的顺序进行确定。在这样时间关系存在的情况下，它的出现形式可以是许多的频道，从而能够使多种对象得到安排并呈现出来。这样的系统中通常会有一个控制面板的存在，主要是为了对播放进行控制，一般来讲就像是常见的录音机与录放像机，主要包含了演出、快进、倒带、前进一步、后退一步、停止等按钮。

④网络模式创作工具

对于网络模式创作工具而言，它可以将允许的程序组成一个自由形式的结构，即可以任何一个地方到另外的任何一个地方。同时，它拥有着不固定的结构与呈现顺序。在利用网络模式创作工具进行创作的过程中，仍旧需要制作者建立自己的结构，也就是说制作者需要尽最大可能进行大含量的工作。不过，这一创作工具在多媒体创作工具的诸多模式中，可称得上一种拥有多个层次的、相对容易建全的应用程度。其中较有代表性的软件是 Media Script，这个软件的主要作用是从应用程序空间的任何一个对象使用户任意向其他一切对象跳转，访问是完全随机的。网络式的实现可以对任何一种程序语言进行利用，然而，它存在较高的计算机方面的要求，首先需要作者至少是一名程序员。

⑤传统程序语言为基础的多媒体制作工具

虽然程序员在编程方面比较擅长，但也难以接受多媒体编辑创作系统对工作造成的限制以及依靠工具箱安排对象的模式，因此，让程序员群体完全运用多媒体创作系统，放弃他们所熟悉的语言创作工具是非常困难的。在这样的情况下，不仅应适当地保留传统语言的特征，还要对于设计程序过程中所涉及的环境进行改进，使之能够向一个可视化操作的系统转变。如果这样的话，就能使程序员在程序编写的过程中充分利用传统语言的同时，还能够对多媒体开发的工具箱进行应用，并且还能够直接使用工具箱内的这些编码，使之变成能够得到重用的编码。可以预见，此种多媒体创作工具存在的应用前景是相当广泛的。

（二）基于 Web 的体育多媒体网络课件的教学设计

1. 体育多媒体网络课件设计特点

以互联网为平台设计体育多媒体网络课件主要强调学生在高校体育教学过程中的核心地位。在积极主动地获得知识的情境中，师生双方的地位、角色以及传统教学方式都发生了巨大的改变，对应的教学设计理论也呈现出不同于传统教学的特点。为此，必须围绕"学生为中心""注重师生充分互动"等原则来设计体育多媒体网络课件，确保能设计出反映网络教学特点的教学软件。

（1）对"以学生为中心"的思想进行强调

在体育多媒体网络学习中，要让学生本身的主体性作用切实发挥出来，把高校体育教学的课内外内容有机结合起来，并有意识地参与到体育锻炼中。学校应制定出科学的教学计划，建立相应的激励机制等。要确保学生能以自己所接触到的反馈信息为支撑，对高校体育教学理论和方法形成独特的见解。

（2）对情境在获取知识中的重要性问题进行强调

在体育课程构建的实际情境中开展一系列的学习相关活动，能够促进现有认知结构中一些相关经验被学习者有效地利用，使他们对于现阶段所学的体育课程教学的新知识可以更好地固化、索引。进而将某种特殊的意义赋予到新的高校体育教学知识中。因此，在对体育学习情境进行构造的过程中，必须强调知识点与知识点之间的结构关系，而不能只是简单地罗列高校体育教学内容。

（3）对获取知识、应对协作学习发挥的重要作用进行强调

在体育多媒体网络课件进行设计的过程中，学习者与周围环境之间存在的交互作用，还有网络环境强化协作学习环境的作用需要得到充分的、有效的发挥，这对于学习者充分理解高校体育教学内容有着非常重要的作用。

（4）对学习环境的设计进行强调

我们在此所讨论的学习环境是指学习者可以进行自由学习和探究的地方。在此学习环境下，要想让学生顺利达成学习目标，就必须充分利用多种信息资源和

手段。在 Web 基础上设计体育多媒体网络课件是以学生为中心的思想指导出发而不是从高校体育教学环境出发,以创造适宜学生的学习环境为目标而展开的系列设计。究其原因在于:更多的调控和支配发生在教学过程中,更多的积极性和学习自由将发生在学习过程中。

(5)对学习过程中各种各样信息资源的有效利用进行强调

在体育多媒体网络学习发展过程中,要想有效推动学习者积极获取和探究知识,就必须为学习者提供更加高效的多种信息资源,同时为学生自主学习活动和协作式探索的顺利进行做出贡献,应科学合理地运用这些媒介和资源。教师在使用多媒体网络资源时,应当充分尊重学生的主体地位和兴趣需求,注重提高其运用能力,使之更好地为教学服务。而这其中最为关键的是教师自身综合素质水平的提升。所以在与传统课件设计有关的教学媒体选择和设计等方面,有必要应用一种崭新而又行之有效的方法来处理,例如充分考虑信息资源如何存取,信息资源存取的方式是什么以及信息资源如何高效地使用等诸多问题。

2. 高校体育教学内容选择与组织

只有对高校体育教学内容精心选择和组织,才能够使 Web 的优势得到充分利用。具体的做法主要包含以下几个方面的内容:

(1)教学内容的多媒体化

在高校体育教学开展的过程汇总,不仅可以对文字和图片进行使用,还可以利用声音、动画和视频。如果高校体育教学内容具体多元化的形式,那么也要综合地设计高校体育教学内容的形式,对于文字形式、图片形式、声音形式、视频形式与动画形式等多种高校体育教学手段进行综合利用,详实地解说体育运动技术动作的要点、方法、难点、练习方法、容易犯的错误、纠正错误的方法等多个方面的问题。

(2)补充体育课程教学相关内容与链接

在进行体育课程教学时,不仅要把体育课程教学大纲所要求的内容放到教学各知识点当中,而且也要融入很多相关的信息。

以篮球为例,它不仅含有体育课程教学大纲所规定的部分技术教学内容和战术教学内容,而且对篮球运动的全部技战术都有所拓展,与此同时,对篮球运动技战术的实战运用也有所增补。不但能让热爱篮球运动的学生们对与国内外篮球运动技战术以及教学和训练等有关的网络站点有所了解和研究，而且也能完成体育课程教学大纲所规定的内容。另外，可以利用网络的连接特性来开展各项教学活动。

（3）高校体育教学内容动态更新

在体育课程网络教学发展过程中，学生的体育学习教材仅由体育教师编写的传统方式已不适应现代体育教学需求。在开展体育课程网络教学时，学习者可针对高校体育教学课件有关内容自由浏览，与此同时，也可通过网络上的教师答疑解惑和课程互动探讨等教学手段来探讨高校体育教学内容，与此同时，也能把一些修订意见提供给学生，促使高校体育教学互动过程中师生联合编撰教材的可行性得以实现。但是，从目前我国高校体育课程网络教学现状来看，其中仍然存在一些不足，需要进一步完善。在联合编写体育相关教材之后，可以让学生充分地表达自己问题和观点，这样在体育课程网络教学的过程中就可以极大地提升学生的参与意识。

3. 体育多媒体网络课件的结构设计

在进行体育多媒体网络课件结构设计时，要考虑到高校体育教学目标和高校体育教学内容。体育多媒体网络课件架构主要以高校体育教学内容为基础架构，这种方式能够确保体育多媒体网络课件相关教学功能和大致框架的全面体现。

对体育多媒体网络课件来说，整体结构包括两大部分内容，即高校体育教学内容和网络交互。其中高校体育教学的组成部分包括教材选择与组织、教学方法和技术运用等多个方面内容。高校体育教学构成内容既包括了体育课程教学大纲所规定的全部内容，又有一定的扩充性。以高校体育教学中网络手段的运用为前提，大量与体育课程教学核心内容相联系的补充性知识可以有机地整合到体育课程教学内容之中，继而推动高校体育教学资源这一具体环境的创设。对有不同兴趣爱好的学生来说，可以确保其个性化学习活动获得应有的支持。当许多扩充性知识被引入时，体育多媒体网络课件内容会得到大大丰富。

对于体育多媒体网络课件而言，其主要内容包含了多个方面，例如，相关课程的介绍、课程讲解的要点内容、教师答疑解惑、课程讨论、作业处理与课程公告等等。其中，相关课程的介绍主要有对学习总体目标的介绍、考核的办法、学习方法、学习进度与课时安排等的介绍；课程讲解的要点内容主要有每一个项目的教学任务、技术动作的要点、技术动作的难点、练习方法、容易犯的错误与纠正的方法等。

4. 撰写脚本与设计素材

多媒体手段的引进使高校体育教学的内容形式呈现多元化特征，体育网络课件的编写需要考虑材料的编写与设计，所涉及的材料主要包括文字、图形图片、声音、动画以及视频等，关于这些不同类别材料的连接关系还应加以考虑。

（1）文字脚本的撰写

一般情况下制作者都会运用 Word 软件撰写文字脚本。就内容问题而言，不仅需要考虑到高校体育教学中知识点，还需要用文字将教师的讲解明确表达出来。此外，还需要将图形图片导入其中，并且动画与视频的文字处与超文本链接的地方要加以标注，以方便后期制作者的使用，因此就字数而言，文字脚本比传统教材的字数要高出 2 至 5 倍。

（2）声音脚本的撰写

受网络条件限制，高校体育教学网络课件若应用海量声音文件，极有可能使其最终运行速度下降，因此声音文件只能用于特殊需求场所，如讲解动画、讲解视频等。

所以，在这种情况下，就需要根据不同的需求来制定相应的声音脚本。在编写体育教学网络课件的声音脚本时，首要考虑的对象为目标动画和目标视频，而根据动画讲解和视频讲解，从时间和内容上展开配音工作，应注意确保配音脚本精练化，与此同时，要把动画和讲解流程与配音流程密切联系起来。

（3）关于图片图形的设计

这里说的图片是指那些使用拍照技术制作出来的图片。体育教师在教学过程中，为了丰富体育教学内容，往往会使用一些图片来辅助教学。这里说的图形是指运用计算机有关软件绘制的示意图，如篮球运动中技战术配合的路线图。在拍照之前，体育教师要根据文字讲解中的实际要求，为每个技术动作进一步精心设计拍照的位置和次数。如果所选择的图片太多，那么就会影响教师教学工作的正常开展。由计算机有关软件绘出的示意图既要表达有关内容，又要判断图形类型，既可进行二维绘制，又可进行三维绘制。原则上，为适当减少体育多媒体网络课件在 Web 基础上的制作费用，应尽可能采用二维图形，摒弃三维图形。

（4）关于动画的设计

这里说的动画主要指那些具有动态性的图形或者画面。在设计体育教学网络课件时，动画是一种非常重要的表现形式。由于它具有生动形象的特点，因此受到了人们的欢迎。体育多媒体网络课件以互联网为平台，只表达原理性部分，如体育教师讲解球类运动战术配合时需要运用二维动画。设计有关动画时，要先设计出最原始的静态图形，再用文字和图示来描述初始动态图形中每个变化的过程，与此同时，还必须用文字写作的方式写出对应的解说文字。动画脚本的主要内容是：各步行动的图形，说明性文字和线条，画面上的文字提示以及解说文字。一般来说，一个标准的制作表须由制作人员及脚本撰写人员共同讨论并做出决定，这样对撰写脚本及发展双方交流活动都能提供帮助。

（5）关于视频的设计

在基于互联网的体育多媒体网络课件设计过程中，视频的拍摄类似于图片的拍摄。通常来讲，视频的拍摄和图片的拍摄在步骤上是一致的。同时，如果拍摄过程中使用的是数字摄像机，那么图片拍摄与视频拍摄实际上就是处在同一个过程中。

（6）关于功能的设计

针对基于互联网的体育多媒体网络课件的内容包括：针对课件界面进行层次选择，设计导航模式，选择按钮，确定功能按钮、课程内容展示方式和种类不同的材料连接方式，建立课件内容文件结构。功能设计主要为了将多媒体网络手段发挥到极致，便于具体的内容在教学活动中发挥辅助作用。以互联网为载体的体育多媒体网络课件，根据总体结构有关要求，一般采用三级结构设计接口。

以互联网为平台的体育多媒体网络课件主界面上一般有两套可选内容按键，即高校体育教学内容组按键和网络交互组按键，以期适当减少页面切换次数，促进体育多媒体网络课件在互联网上提高运行速度。这是根据需要对所有网页进行分割，然后将每个子块按时间顺序分配到不同的模块里去执行。所以在内容选择界面上，除了设定各节内容选择按钮外，还需要设定各章切换按钮。

针对某一个高校体育教学内容，综合利用各种各样形式的高校体育教学手段，可以采用的高校体育教学手段有：文字介绍、动画讲解、图像图片、录像片段等。不仅如此，基于互联网的体育多媒体网络课件还可以设置其他超文本链接形式的按钮，例如，友情链接到其他的相关网站。在基于互联网的体育多媒体网络课件中，其界面存在的各式各样的按钮除应充分考虑学生各种需求外，还可以科学合理地增加按钮的趣味性与动态效果。

基于互联网的体育多媒体网络课件的主要作用包括，使实践课中理论讲授时间紧且不系统的问题得到较好的解决，可在网上完整系统地讲授体育课的教学内容，供有不同需求的学生在网上进行个性化学习；可以利用多媒体的手段对体育运动技术动作要领进行形象生动的讲解，保证统一的、规范的动作，便于学生重复多次地进行观摩与学习，从而保证基于互联网的体育多媒体网络课件对于课外体育锻炼能够起到很好的辅助作用；对于网络上能够提供的条件应该充分地利用，对于相关的问题，体育教师应该指导学生进行谈论，并且为其答疑解惑；等等。

基于互联网的体育多媒体网络课件，其应用与发展在对高校体育教学手段和高校体育教学方法进行改革与创新的同时，还会在一定程度上影响到体育教育理论的发展与高校体育教学模式的发展。未来，多媒体课件中的一种重要形式就是基于互联网的体育多媒体网络课件，同时它也将成为网络教学发展的重要资源基础之一。

二、高校体育教学中微课的应用

（一）微课的组成

微课是指运用信息技术按照认知规律，呈现碎片化学习内容、过程及拓展素材的结构化数字资源。其特征在于时间短、内容精以及针对性强等。微课有几个较为显著的特点：碎片化、突出重点、具有较强的师生交互性、能够反复多次使用。微课这种新型教学模式可以让学生的碎片化学习活动在任何时间、任何地点进行。

微课的内容以示例片段即讲堂教学视频为中心。不仅如此，还有与某一教学主题对应的辅助性教学资源，如素材课件、教学设计、练习测试、教师点评、教学反思以及学生反馈等，这些都是辅助性教学资源。这些不同来源的教学资源构成一个完整的学习单位——资源单元，它通常由多个相同或类似的知识点组合而成。在特定的呈现方式及组织关系中，共同创造出资源单元运用的"小环境"，这里所讨论的资源单元的突出特点为主题式半结构化单元资源，所以微课与传统单一资源类型教学资源存在着某种区别，这体现在教学设计、教学课例、教学课件以及教学反思上。与此同时，微课也与以上这些教学资源有着某种关联，也就是说微课这一新型教学模式的开发依据正是以上这些资源。

（二）微课的特点

1. 碎片化

每节微课视频约 10 分钟，以清晰的视频录制形式展现课程教学过程。而一节传统课堂教学时间为 45 分钟，原有的段状课程借助微课逐步过渡为点状课程，促使更多精华和详细讲程内容涌现，从而使学生除课堂上教学时间外，也能借助课外其他分散时间学习，如学生排着长队等用餐时，也能借助这一短暂时间学习，故微课的一个显著特点就在于碎片化。

2. 突出重点

从学生学习特点出发，受微课显著碎片化特点影响，对教师教学能力而言，制作微课对于教师有着较高的能力要求。在微课视频 10 分钟的呈现中，教师需要把严密的逻辑性体现出来，还需要把课程内容中的要点和亮点凸显出来，切实把握好学生学习的焦点，只有这样才能让学生的兴趣被更好地调动起来。

3. 较强的师生交互性

微课这一新鲜的课堂形式的产生，不仅满足了学生对知识的渴求和猎奇心理，还有效地改善了传统教学模式下片面输出教学内容的现状。

微课教学的实施有助于增强师生间的互动，不仅能够及时搜集学生对课程学习感兴趣的地方，而且，教师能及时针对学生提出的问题予以解答。这样不仅有利于培养出更多符合时代要求的高素质人才，而且能够促进整个教育行业朝着更好的方向发展。这无疑为教师在课程后期设计上提供了方便条件，从而在一定程度上满足学生在某一个阶段对知识的渴求，进一步提高该课程教学效果和教学质量。

4. 能够反复多次使用

在微课的模式下，学生能够按照自身的实际需要，对体育学习活动随时随地地展开，例如，在课程开始之前，学生可以通过微课来预习运动技能、巩固难点和重点、练习课后的动作等等。上述的这些微课的作用，在进一步提升教学效果的问题上也能够发挥出有效的促进作用，此外，对微课教学模式的使用，还可以使学生课程学习的积极性得到增强。

（三）微课在高校体育教学中的应用

因为微课具有碎片化、重点突出、师生交互性强以及可以反复使用教学资源等特点，所以应从体育微课设计的基本原理入手，研发出更多高质量的体育微课来进一步改善高校体育教学现状，让学生对体育运动项目的学习兴趣有所提升。对体育方法微课运用应时刻进行探究，一般来说，高校体育教学微课运用主要表现为以下几方面：

1. 微课应用在体育需求调研

针对传统模式下高校体育教学和高校体育教学内容之间的联系，体育教师在正式启动高校体育教学实践活动之前，要根据课程逻辑提取出高校体育教学内容的难点和重点，还要结合当前阶段的体育栏目和体育热点新闻来制作体育微课，并在此基础上利用移动互联网等多种渠道把已制作好的体育微课在校内广泛传播。通过考察微课的学生点击量和同帖点评内容，体育教师可以有效评价体育课程内容是否合理，确保体育教师能更深刻地理解学生的兴趣和爱好。体育教师也可以及时调整自己的教学策略和教学方法。为学生更好地开展体育锻炼提供一定帮助。早期体育微课的传播可以让学生体育学习积极性被有效地激发出来，让学生更期待将要学习的内容，把学生被动的学习行为变为主动的学习行为，继而促进学生体育参与度的提高。

2. 微课应用在体育课程设计

对于体育微课而言，它不仅是传统的高校体育教学模式的补充，还是多媒体时代下高校体育教学发展的必然结果。微课的出现，使得原本的体育课程设计被重新定义，就需要保证体育课程有理有据、有血有肉。在高校体育教学开展的后期阶段，需要对以往室内体育理论课与室外实践课分开开展的体育课程设计进行改变，将两者融合。同时，要考虑多媒体时代大数据的时代特征，在设计室内理论课的时候，可以以教师和学生的信息数据交流为主，使他们的头脑风暴在体育课程中得到掀起，呈现出更加公平、更加自由的体育课程。此外，在这样的形式下，体育教师的教学思维能够得到进一步的更新，使学生体育学习的热情得到提升。

3. 微课应用在体育课程教学

一方面，体育教师可以将体育时事热点与体育课程的新内容等引入体育新课的设计方案，在体育课堂教学开展的过程中组织学生集体观看，从而吸引学生的注意力，激发他们的体育学习兴趣；另一方面，在高校体育教学实践活动开展的过程中，体育教师可以将复杂动作的教学制作成微课，同时，在体育课堂教学过程中重复播放，可以将更加具体、更加直观、更加生动、更加形象的高校体育教学过程呈现出来。

4. 微课应用在体育课后辅导

针对高校体育教学来说，每节体育课堂教学时间都为45分钟，高校体育教学的有限时间很难让教师把教学内容全部传授给学生，要想做到精细化教学简直就是天方夜谭，部分学生无法跟上教学节奏或学生无法掌握自己所学运动技能的现象必然会发生。因此在完成体育课堂教学后，教师可把含有高校体育教学要点的微课视频发给学生，让学生在完成体育教学后，针对已学技术动作展开演练，回顾课中已学知识，确保温故知新。

5. 微课应用在体育课程分享

分享实质上是一种学习，学生都喜欢把一些优秀的视频课程分享到朋友圈，去感染周围的好友、同学，让同学的学习圈子更加宽广。然而，目前很多学校都存在着过于重视课堂教学而忽视课外知识传授的问题。所以，高校要建设一个提倡分享精神的学习共同体，这就可以确保学习共同体中各成员之间可以相互督促并共享有益的体育学习信息。比如，把微课运用到体育舞蹈教学的过程当中，学生就能把自己已学过的并且更有兴趣的体育舞蹈课分享出来，让更多喜欢体育舞蹈的同学能及时共享学习资源，与此同时同学也能自发地把校园里其他有相同兴趣的同学组织起来，让大家一起来学习体育舞蹈微课，确保体育舞蹈社团能够被进一步发展推动，并通过有效的社团活动如"快闪"活动，让学生在课堂学习之外，还能充实自己的日常生活。

三、高校体育教学中慕课的应用

（一）慕课的授课形式

慕课，是一种可以将在世界各地分布的学习者与授课者通过某一个共同的主体或者话题而联系在一起的方式方法。

慕课的授课形式一般都是每一周进行话题研讨，并且只会将一周大体的时间表提供给授课者与学习者。但是一般来讲，慕课课程都不会对学习者提出特殊的要求，说明的内容也比较简单。例如，阅读建议、每一周进行一次的问题研讨等等。

（二）慕课的主要特点

1. 规模比较大

所谓的规模比较大，指的是网络开放的大规模课程，而不是以个人名义对一两门课程进行发布。这里所说的网络开放的大规模课程，通常是指那些参与者发布出来的课程，这些课程一般会被人们称作大规模的课程或者是大型的课程，慕课的典型形式就是这些课程。

2. 开放的课程

所谓的开放的课程，一般会对创用（CC）协议严格遵守。可以说，开放的课程，就能够被称为慕课。

3. 网络课程

网络课程的相关材料通常在互联网上散布，而不是面对面的课程。此种课程的显著特征就是没有上课地点的特殊要求。例如，如果你想观看美国大学的一流课程，那么不管你处在什么地方，不需要花费太多的金钱，只要有网络与电脑就能够实现。

（三）慕课在高校体育教学中的应用

1. 高校体育教学中慕课的应用价值分析

自慕课引入我国以来，已经过了很长的一段时间，同时对于此种新式的教学方法，许多学校都开始进行尝试。然而，慕课在高校体育教学方面的应用非常少。

但实际上，慕课的教学方式在高校体育教学方面也是非常适用的。

随着社会网络的日渐发达，人们每天都会上网，不管是浏览网页，还是刷微博，我们都必须承认，网络在现代人们生活中应用越来越广，而慕课就是对于此种现状进行利用，在学习开展的过程中充分利用网络条件。

在此基础上，慕课这一学习方式具有某种主动性特点，其他人的督促和强制都不会对它产生影响。根据个人爱好，用户可选择和学习自己所喜爱的运动项目。这种自主学习方式能够让大学生更加积极主动地参与到体育运动中来。这对于促进高校学生身心健康发展具有重要意义。与此同时，慕课拥有的资源也十分广泛，如果将慕课运用到高校体育教学中，师生也能共享利用国外高校体育教学资源。

目前，学校的体育课大多以体育教师讲授为主，学生为受学对象，教师在课上先开始讲解基础知识，再演示基本动作，最后学生再付诸实践。在这样的教学模式下，学生不仅可以掌握基本的运动技能和知识，同时还能提升自己的身体素质和综合素养。因此，慕课这种教学模式深受广大师生喜爱。但目前国内大部分中小学、高中体育课开展时间通常为 45 分钟，体育课准备活动结束后，体育教师对体育技术动作讲解和演示，然而一节体育课时间已消耗了不少，学生练习活动不能在剩余时间内开始。但慕课却能较好地解决这一问题。

体育课堂教学完成后，学生能在课下自己进行复习。慕课里有真人操作和解说，可以帮助学生对日间体育课堂上所学的动作进行回顾，可以帮助学生加深记忆。虽然高校体育教学持续时间约为 1.5 小时，学生有充足的时间进行体育运动技术的学习和实践，然而他们只可以针对每堂体育课进行学习，因为基本上每个学期需要学习的知识都一样，只是在学生身上会有所不同，这对于部分学生进行深入学习和实践是不利的。

将慕课这一教学方式运用到高校体育教学当中，既能确保学生进行深入的学习活动，又利于学生对学习进度进行自行把握。与此同时，慕课所拥有的学习资源也十分丰富，能帮助学生找到合适的锻炼方式。但是，也有一些同学并不能及时找到合适的运动方式。因此，为了更好地促进大学生体育锻炼的效果，就必须针对这种现象做好相应的分析工作。比如对于部分学生来说，也许剧烈的体育锻炼活动并不能很好地满足其需求，因此他们可以通过慕课来找到更合适的锻炼方式这样一来,既能避免伤害到身体,又能让体育锻炼目标顺利达成。

实际上,如今许多家长也比较重视学生的体育锻炼问题,为了保证孩子的健康成长,家长总是喜欢带着孩子一起进行散步、晨练等体育锻炼活动。大多数时候,人们会认为,只要自己去参加体育锻炼了,就会有益自己的健康发展,然而,需要注意的是,如果人们不能用健康的方式开展体育锻炼的话,那么在浪费了体育锻炼时间的同时,还会在一定程度上造成身体伤害。如果在高校体育教学中应用慕课的方式,那么就可以在体育运动锻炼的过程中参考标准的动作去完成体育锻炼,这样的情况就像是一个专业的私人教练陪在自己身边,并对体育锻炼活动进行正确的指导。

2.慕课应用在高校体育教学中的未来发展

慕课的教学方式来源于国外,在我国的高校才刚刚开始起步,而且有一些内容对于我国高校是不适用的,要进行一定时间的磨合才能够同我国的教学理念相适应。

基于这样的情况,我国大部分高校应该按照自己学校的特点自行录制慕课视频。在录制慕课视频的时候,可以是多个学校的教师共同参与录制、讨论,然后再对多个优秀的视频进行选择,并且上传到网上,方便学生进行观看、下载、学习。由于不同的教师在讲课的风格与方式上存在不同,而教师录制的慕课中包含多个教师的教学课程,所以学生就能够对最适合自己的教师进行选择。此外,这样的方面能够避免大课参与人数多的情况,还能够有效改善学生听课效果不佳的情况。将慕课应用在高校体育教学中,能够使小班教学的目的得以实现。同时,同一学科由多个教师进行录制,更容易形成比较与竞争,帮助教师对于自己的教学缺点更加仔细地进行观察,使高校体育教学质量得到提高。因为慕课在高校体育教学中的应用以网上教学为主,所谓的监督制度是不存在的,因此要求学生具备比较强的自主学习能力。在高校体育教学考核的问题上,可以不再使用计算机考核的方式,体育教师组织学生开展网络学习以后,再安排传统方式的考试即可。只有这样才能够使学生通过计算机检测进行作弊的情况得到有效避免。此外,还能够对于学生通过慕课进行学习的效果得到检测。需要注意的是,教师与学生应该摆正对于慕课教学的认识。

慕课教学并未给教师带来彻底的解放,如果学生遇到自己不了解的问题,只能看类似的录像来解决此类问题。师生间应该有经常性的沟通，这样既能让师生间的情感得以提升，又能对学生的学习起到促进作用。

此外，慕课教学模式还能提高学生对体育课程的兴趣，从而达到预期的教学效果。虽然目前国内对慕课的使用尚处于刚起步发展的阶段，但在现代网络发展大环境下，慕课的发展已成为必然趋势。慕课运用于高校体育教学可以为今后的教学发展带来一些启发，在利用慕课进行高校体育教学时要注意结合我国高校体育教学现状。例如，在篮球运动课堂教学开展过程当中，不仅需要传授与手相关的动作知识，同时还需要传有关篮球脚步的体育知识，教师需要把二者密切联系起来。所以在做有关慕课时，不只是把这些运动分解，更重要的是要有标准的整体动作，这样才能有助于学生的学习活动。我国虽然引进了慕课教学，但慕课并没有被广泛应用于高校体育教学之中，要想构建完整的体育课程体系，则必须有相关慕课教程。一般来说，从国外引进的教学资源都为外语，体育专业名词较多，这就造成了学生理解起来比较困难，做慕课时如果遇到这种情况时，可请我们国内优秀的体育教师团队根据国内特定的教学情况进行课程制作。另外，对于制作慕课也要制定出一些规范，如果慕课不规范，那就不能使用了，这关系到慕课能否进步和发展。

四、高校体育教学中翻转课堂的应用

（一）翻转课堂的含义

所谓翻转课堂，通常是指重新地调整教学课堂内外的时间，从本质上来讲，就是学习的决定权不再属于教师，而是由学生掌握学习的主动权。在翻转课堂教学模式的应用过程中，学生能够在课堂有限的时间内更专注地开展学习活动，对于全球化的挑战、本地化的挑战、现实世界中存在的问题，教师可以与学生一起研究、解决，使得理解的层次更加深入。

在课堂教学开展的过程中，教师不会再耗费大部分的课堂时间去讲授信息，但是在课堂教学结束以后，学生需要自主地完成对这些信息的学习，他们可以利用的方法有：听播客、看视频讲座、阅读功能强大的电子书或者是通过网络同其他同学讨论。翻转课堂教学模式应用过程中，不管什么时候，学生都能够对自己所需的材料进行查阅。

此外，教师同每一个学生进行交流的时间也得到了增加。当课堂教学结束以后，学生就能够自主地对学习节奏、学习内容、学习风格与知识呈现的方式进行规划，同时教师应当充分利用讲授法与协作法，这样才能够使学生的知识需要得到满足，使学生实现个性化的学习，这样做的目的是通过实践活动保证学生学习活动的真实性。

（二）翻转课堂主要特点

在很多年以前，人们就对视频教学的方式进行过研究、探索。对于翻转课堂的特点，作者有如下分析：

1. 教学视频的短小精悍

翻转课堂的教学视频一般都有短小精悍的特点，甚至更长一些的教学视频也只需 10 多分钟就能播放完毕，大多数的教学视频一般只需几分钟的时间就能完整观看。所以在教学中，教师要根据学生的实际情况来选择合适的教学视频。通过使用短视频，不仅可以提高课堂效率，还能激发学生的兴趣，让他们更加积极主动地参与到教学活动当中去。与此同时，每个视频都有较强的针对性，一般只针对某个具体问题进行制作，这样也更便于学生进行搜索。要尽可能地控制教学视频的时长，制作出与学生注意力和身心发展特征相协调的教学视频。网上发布的视频具有回放功能和暂停功能，可自行调控，从而顺利实现学生的自主学习。

2. 教学信息的明确清晰

在翻转课堂视频里，能从视频看到教师的双手不停地写着一些教学内容，并慢慢填满整幅教学画面，而且教师在书写的过程中有画外音相互配合。这种方法可以把教师和学生集中到同一课桌前，共同学习和研究，把内容写到纸上会让学生觉得亲切。这就是翻转课堂教学视频与传统教学录像的区别。如果视频里出现教室里各种摆设物品、教师头像等其他与学习无关的内容，很容易让学生分心，尤其学生在进行自主学习时。

3. 重新建构学习流程

学生的学习过程一般有两个阶段：第一阶段，传递信息。需要教师与学生之间进行互动、学生与学生之间进行互动；第二阶段，内化吸收。需要学生在课堂教学结束以后自己完成。在学生自己完成的过程中，因为缺少教师的支持与同学的帮助，学生在内化吸收的阶段经常会出现挫败感，使他们丧失掉学习的动机与成就感。

"翻转课堂"的教学模式能够使学生的学习过程得到重新建构。第一阶段的传递信息是在课堂教学开始之前由学生完成的，而教师在提供视频的同时，也提供在线的辅导；第二阶段的内外吸收，是在课堂教学开展的过程中由互动而实现的，对于学生存在的学习困惑与困难，教师应该提前进行了解，同时在课堂教学开展过程中对学生进行有效的指导，而学生与学生之间的交流活动，对于学生内化吸收知识的还能够起到一定的促进作用。

4. 复习检测的快捷方便

当学生观看完教学视频以后，就会看到视频结尾处出现的几个小问题，通常是 4 个或 5 个，这些问题能够帮助学生及时检验自己的学习情况，同时根据自身的学习情况做出合适的判断。如果对于这几个问题，学生的答案不理想，那么学生就应该回放一遍教学视频，对于出现问题的原因仔细思考。同时，教师通过云平台对学生回答问题的实际情况及时地进行汇总、分析、处理，可以对学生的学习情况了解得更加客观、全面。教学视频的另一个明显优势就是能够在经过一段时间的学习以后，方便学生对学过的知识进行复习与巩固。

（三）体育翻转课堂的实施策略

1. 做好在线虚拟教学平台的建设

构建在线虚拟教学平台的目的主要是给翻转课堂创造一个前提条件和依据，在线虚拟教学平台主要由教学内容上传模块、教师学生交流答疑模块、在线测试评价模块、学习跟踪监控模块和学习总结成果展示模块组成。体育教师可通过该平台将高校体育教学有关微视频、PPT 以及各类音频等教学材料上传到线上虚拟教学平台，同时也可在该平台的帮助下实现作业发布、线上测验、监控督促、线上交流和线上评价等功能；学生可通过该平台下载学习材料或者进行线上学习，帮助学生在遇到学习问题时及时与体育教师沟通和交流。

2. 在高校体育教学中合理引入翻转课堂教学方法

高校体育教学模式主要是指在一定高校体育教学理念、高校体育教学思想的引导与高校体育教学理论的指导下建立的各种各样高校体育教学活动的基本框架或者基本结构。一般来讲，高校体育教学模式包含了多种要素，即高校体育教学理论依据、高校体育教学原则、高校体育教学程序与学习程序、教学资源与实现条件以及高校体育教学效果评价，等等。将翻转课堂教学方法引入高校体育教学的全新高校体育教学模式具体包含以下几个方面的内容：

（1）高校体育教学的理论依据

高校体育教学中应用翻转课堂的教学模式主要的思想基础是"先学后教"思想，对于高校体育教学活动中学生的教学参与和学生的主体性进行强调。教师从高校体育教学的特征与行为心理学原理出发，特别是基于斯金纳操作性条件反射的训练心理学进行考虑，对高校体育教学的程序进行确定，具体是：利用视频学习—对于联系吸收理解—再通过视频回顾—互动反馈—强化实践—学习、掌握，并且在这样循环、反复的高校体育教学过程中，对于行为目标进行有效塑造；同时，根据学习的过程与教学的实际效果、学习主体等对体育"教"与"学"的活动过程不断地进行完善与创新，促进预期高校体育教学目标与学习目标的实现。

（2）高校体育教学的目标与原则

目前，高校阶段高校体育教学目标主要针对中小学阶段高校体育教学的目标——体育锻炼思想、体育能力及体育习惯等方面加以巩固和完善，帮助学生科学、主动和积极地参加体育锻炼，并对学生的体育锻炼加以指导和教育，针对现代体育科学的基本知识、基本技术及技能和方法开展科学性的课程，从而增强学生参加体育锻炼的意识，提升他们的体育文化素养。

为了确保高校体育教学目标得以顺利达成，应对在高校体育教学中引入翻转课堂教学方法这一崭新的高校体育教学模式进行研究，但教学原则却要求体育教师遵循学生认知水平和心理发展特征来确定和制定出具有针对性的教学策略。因此教师需要处理和整理高校体育教学内容和高校体育教学设计，在制作浅显易懂，也能密切联系自身已掌握认知结构的前提下，筛选为高质量、合适的高校体育教学视频；搭建轻松、民主、方便的交互式学习社区或者网络教学平台，及时提供学习反馈信息，并且能有效发现问题和解决问题；在掌握整体学习状况的前提下，关注个体的学习和成长过程，充分发挥高校体育教学的主体性作用；最大限度提高学生主体性和自我认识能力。

（3）高校体育教学程序与学习程序

将翻转课堂教学方法引入高校体育教学的全新高校体育教学模式，其主要基础是优质的交互学习社区与视频资源。因此，可以将高校体育教学程序与学习程序进行如下的设计：对于高校体育教学内容进行预习——对于高校体育教学视频有针对性地进行观看，再进行示范、讲解——使学生学习动机得到激发，发现学习过程中的问题——在课堂教学中由教师对新课进行讲授，对于学生的疑惑进行解答，并进行示范——有学生自主进行练习与实践，对体育学习效果进行巩固——对体育学习效果进行反馈，由教师、学生进行评价——通过资源拓展完善、知识和技能结构的扩展，以及反复练习实践对理解与训练效果进行加强。

（4）高校体育教学的实现条件和教学资源

近些年来，慕课教学平台的快速发展与互联网的广泛普及，为翻转课堂高校体育教学模式的实施创造了良好的条件。但是对于现代高校体育教学而言，目前国内有关高校体育教学的教学视频和学习资料还比较少，因此国内体育教师要以体育课程和教学内容为切入点，对高校体育教学资源进行自产和设计。针对高校体育教学内容，以理论教学内容和动作讲解以及示范的教学视频为主，确保体育练习活动理解性和课余训练活动实践性。既需要动作示范要领分析，也需要训练实践摄像记录的学习视频，另外还需要拓展性教学资源与学习资源、专题性研讨问题等。不仅如此，体育教师还要组织学生看教学视频，进行练习活动以及训练活动，与此同时还要保证在交互社区体育教师能够对于学生的疑惑及时地进行解答、讨论与指导。

（5）高校体育教学效果与评价

将翻转课掌教学方法引入高校体育教学的全新高校体育教学模式，能够使学生体育学习的兴趣得到激发，使学生自主发现、学习、探索、分析、解决问题的综合能力得到培养，同时促进学生技术和技能的提升，有效促进学生自主学习能力、社会发展适应能力、互相合作能力的发展与培养，体育教师应该通过交流与活动对学生的学习情况与进度实时地进行了解，还要对反馈信息及时掌握，同时再从所获得的情况出发，适当地进行引导。对于学生的学习积极性进行鼓励并充分调动，在高校体育教学与讲解活动开展的过程中，针对不同的学生因材施教。将翻转课堂应用在高校体育教学中的相关活动适宜于小班教学，在大班教学中一般很难实施。而对于学生的评价而言，需要注意的是，它同其他文化课程是不同的，在对其学习好坏进行衡量的时候，不能单纯地将考试成绩作为标准。在学校高校体育教学中，应该对"健康第一"的指导思想始终予以坚持。同时，还要在体育考试的各个环节中渗透"健康"的标准，对于标准化的项目，应该适当地减少技能考试。另外，还要有效改进高校体育教学的评价标准，尽可能地避免学生由于害怕考试而出现的体育厌学心理与逆反心理。再者，对于学生应该积极地引导，使他们加强对高校体育教学的重视度，使得学生养成良好的体育运动习惯。

3. 注重评价机制的创新

翻转课堂教学模式中的高校体育教学评价不应该局限于传统纸笔测验上，在评价内容、评价主体、评价标准以及评价方法上应该与传统教学有所区别，否则翻转课堂在实施过程中只能流于表面。在翻转课堂模式下进行高校体育教学评价时，要坚持"以评促学"与"以评促教"相结合原则，根据学生的进步程度实行多元化评价，以增强评价的针对性和全面性；多元化评价体现为评价主体、内容、方法和阶段的多元化，紧紧围绕着促进学生学会学习与促进教师学会教学两大目标展开，并最终以提升教学效果和教学质量为主要目标。

4. 注重提高体育教师的综合素养

不管实行哪一种教育教学改革，教师永远是决定改革能否成功的核心和关键。信息技术的发展为学校体育改革提供了新的契机，也使传统教学模式面临着巨大挑战。将现代信息技术运用到课堂教学中成为广大一线教育工作者关注的焦点问题之一。在信息化社会背景下，翻转课堂作为一种新的教学理念和方法，不仅是一种教学方法，更是提升体育教师综合素养的重要途径之一。体育教师不仅是线上虚拟教学平台的构建者、设计者和使用者，也是教学视频等学习资源的开发者和上传者；既是学生学习与实践的组织者、引导者，又是学生学习成果评价的设计者和评价者；既是学生在线学习情况的监控者和督促者，又是教学设计的完善者。

第二节 体育教学模式的创新研究

一、新型高校体育教学模式的建构

（一）新型体育教学模式的理论基础

1. 新型体育教学模式的现代课程论基础

教学是课程的有机组成部分，因此教学模式的确立必须有一定的课程理论作为依据。现代体育课程理论基础主要有以下两点：

（1）体育课程目标呈现多元化趋势

体育课程目标是增强体质，提高学生的健康水平，以发展学生的体育文化素养为核心，以促进学生的个性与创造力的和谐发展为宗旨，将体育课程内容与道德教育有机结合起来，使之成为培养学生合作精神的重要手段，从而达到体育教学的最终目的。从时间上看，开展体育课程不仅是为了完成学生在校期间的体育知识传授与技能训练任务，更重要的是为了发展学生对体育的能力，兴趣和习惯，从而为他们一生从事体育活动奠定基础。课程内容注重学校体育主体需求。

（2）学生是学习和发展的主体

在新时期如何更好地发挥高校体育课教学功能，是摆在体育教师面前一项重要课题。

因此，在新的形势下，我们不仅要更新课程内容和方法，更要关注学生的心理状态，培养他们终身体育的意识。终身体育的教育内容主要包括：一是体育知识、技能和方法，如体育基础知识、保健知识、身体锻炼及评价知识等；二是竞技运动项目教材化。

20世纪60年代以来课程理论出现两次世界性的变革：一次是学科中心课程论。另一次是人本主义课程观。我国体育课程的体质、技能、技术教育思想正是学科中心课程观在体育课程中的反映，至今仍影响着体育课程的改革。

（1）新型体育教学模式的目标取向

教学目标受课程目标影响，没有新的课程目标就不可能有新的教学目标。新型体育教学模式的目标不仅要求有运动技能目标，还要出有情绪、态度、能力、个性等目标。

（2）新型体育教学模式的价值取向

重视全体学生全面发展和个性培养相统一。学生发展离不开体育学科内容的学习，学生通过体育学习发展自己。

（3）新型体育教学模式的教学设计思想

课程的问题中心设计模式是新型体育教学模式设计的基础。问题来源于学生的发展需要和教学内容的需要。在教学设计中，要让学习者作为一个完整的个体参与到教学中来，让学习者在解决问题中，学习掌握学科内容。

2. 新型体育教学模式的现代教学理论基础

现代教学理论有很多，有探究发现教学理论、情意交往教学理论、认知教学理论和建构教学主义理论，等等。这些理论对建构新型体育教学模式有着重要意义。下面简要列举一些对建构新型体育教学模式有支撑作用的观点。建构主义教学观是以美国著名心理学家布卢姆为代表的现代教育心理学派提出的建构主义教育观。建构主义认为：建构主义教学观将教学目标确定为充分发挥学生学习的主动性，自主性与创新性，其中一个教学目标就是要培养"能将知识运用于现实生活世界"的能力。用流行的话来说就是要学会学习，并且能够调节和控制自己的学习效果。

建构主义与以往教学理论相比，有三个重心转移：由注重外部输入向注重内部生成转移、由"个体户"学习向"社会化"学习转移、由"去情境"向"情景化"学习转移。

纵观现代教学理论的各流派，它们的共同特点都是追求"主体性"。其中，学生的主体性是指学生在学习过程中具有独立的自我意识、自我能力、自我判断、自我体验和自我调控等方面的能力。而创造性、主动性、自主性是人发展的高级阶段，也是人在学习过程中最重要的特征之一，它直接影响着人的个性的形成和发展以及动手实践的能力。创造性是学生主动性与自主性达到高级阶段时的一种体现，包括创造意识、创造思维以及动手实践等方面。教师的"教"是外在原因，学生的"学"是内在原因，外在原因通过内在原因而发挥作用。尊重差异在教学中能让教育恰如其分地在每个学生身上产生作用，发挥其主体作用。

（二）新型体育教学模式的性质与设计

1. 体育教学模式的基本属性

在总结各类先行研究的基础上，学者们提出了体育教学模式应具备的一些基本性质：理论性、稳定性、直观性、评价性。

理论性。指任意一种较为成熟的体育教学模式，它必然体现着一定的体育教学指导思想，同时也反映了教学过程中的理论教学程序。

稳定性。建立一种体育教学模式，其实就是建立一种新的体育教学过程结构，因为它是一种结构，所以它必然具有相对的稳定性。

直观性。直观性又可以说是具有可操作性，确立了任何一种新型的体育教学模式，就意味着其与过去的任何一种体育教学模式都有所不同。这使得人们能够根据自己具体的教学环节，以及特殊的教程安排，判断是否属于这种教学模式。

可评价性。所谓可评价性，就是凡是比较成熟的教学模式都必然有与其教学过程对应的评价方法体系。所以任何一种教学模式都应该能够给执行这种教学模式的教师以清晰的教学评价，它不仅要评价这位教师对于教学模式的了解程度，更要系统地评价这位教师的参与能力、认知能力以及学习能力。

2. 新型体育教学主导模式的设计思想

在实践中可以发现，在教学中充分发挥学生主体性，尤其是在自我意识形成过程中，总要经历一个由他控转化为自控、由无意识学习转化为有意识学习、由缓慢提高转化为自我监控的跨越过程。

教师在教学过程中要指导学生学会确立自己确定的、切实可行的学习目标，帮助他们制订出切合实际的学习计划，同时帮助学生对计划进行调整等，并创造条件增强他们自我检查、评价等能力。在新的形势下，要改变传统的体育教学模式，就必须做到以下几点：一是在教学指导思想方面，应把青少年作为主体，把体育教学与社会需要相结合，促进学生个性发展；二是在教学目标方面，应紧紧围绕21世纪人才培养的需要、青少年儿童的生理和心理特点等来强化学生能力的培养；三是在教学程序方面，应将运动目的论思想循序渐进地融入日常教学，使学生能够充分感受到运动学习的快乐，指导学生全面了解并参与到学习过程中来，一改以往教师划一化、统一化、被动性、机械性的教学；四是在教学方法方面，应从主体性教学观的视域出发，为学生提供个别化和个性化的教学方法；五是在教学评价方面，应培养学生活泼好动的学习品质，使学生个性得到全面发展，并加强学生兴趣习惯能力的培养，进而完成主要学习目标。

二、体育教学的合作学习教学模式

（一）合作学习教学模式概述

1. 合作学习教学模式的概念

合作教学是一种与权力主义、强迫命令的教学观相对立的革新的教学观。它由当代格鲁吉亚杰出的儿童心理学家、教育家阿莫纳什维利提出。合作教学实验的显著特点是：从尊重儿童的人格与个性出发，建立新型的师生关系，将学生在游戏中固有的自由选择和全身心投入的心态迁移至教学过程中去，从而在师生真诚的合作中实现教学目的。

2. 合作学习教学模式的基本原理

（1）教学过程的发展性原理

合作教学认为，每个学生都具有无限的潜力和可塑性，教学与教育能最大限度地发挥儿童的潜能。

（2）教育过程的人性化原理

为保证人性化的贯彻与实施，合作教学提出教师要做到以下三方面：第一，热爱学生；第二，使学生的生活环境合乎人性；第三，在学生身上重温自己的童年。

（3）教学过程的整体化原理

教学过程就是要发挥学生的自然力与生命力。

（4）教学过程的合作化原理

在现实社会中，常常会有学生希望成长，但也想玩；愿意学习，但不想失去自由的情况，因此教师就要做到与儿童合作并从儿童的立场出发组织教学。

3. 合作学习教学模式的方法

合作教学需要有一种能激发儿童兴趣的师生关系和一套能鼓励儿童自愿参加教学活动的方法。具体方法如下：

（1）教会学生思考

教学中，教师可以采用在学生面前一边讲述解题过程，一边解题，让学生耳闻目睹教师的思维和解题过程；或教师鼓励学生怀疑、反驳、论证此课题。

（2）"夺取"知识

合作教学认为，教师不应把知识填入学生的头脑，而应当让学生与教师"夺取"知识，并在这种"搏斗"中体会成功的快乐。

（3）充分利用黑板

合作教学认为板书是师生双方交流的主要手段。

（4）学习委婉语言

（5）说悄悄话

悄悄话是课堂提问的一种特殊方法。教师根据答案的对与错，由教师给予奖励、安慰等评语，有利于保护儿童的积极性与自尊心。

（6）由学生当老师

合作教学认为，教师应当像演员一样，在教学中与学生一起做游戏，使儿童感到自己从事的是自己愿意干的、重要事情。

（二）合作学习教学模式的理论依据

人本主义的教育思想。马斯洛等人本主义心理学倡导的教育思想在当代学校教育中有着广泛影响。"以人为本"和"以学生发展为主"是其基本原则，尊重学生的个性需要，树立正确的价值观；满足学生的主体生存需要，促进学生全面和谐地发展。人本主义在学科教学中体现了主体性教学思想，充分发挥了学生学习的主体作用，调动了学生学习的自觉性、积极性和创造性。体育是"人"的体育，它是人类的文化积淀和精神天堂。体育学习是学习者理解自我的主要过程，也是理解自我身体运动并积极改变自身生理与心理的一种特殊认知与实践活动过程。

学校体育是终身体育最为基础的体育理念，这一理念强调学校体育应服务于人的终身体育，应为终身体育打下良好的身体、技能以及兴趣及习惯等方面的基础，并使其学会自主学习和锻炼，具备自主学习、自主运动及自主评价等方面的能力。而激发学生的运动兴趣则是促进学生自主学习体育的前提，也是提高学生参与体育锻炼积极性的重要手段，更是学校体育教学中不可缺少的环节。运动兴趣与习惯是推动学生自主学习体育、终生坚持体育锻炼的根本，体育教学要以参与者的需求、兴趣等为依据。所以,发展学生自我体育意识,是终身体育得以实现的中心课题。

自主学习是指个体或者少数个体能够积极诊断学习需求、设定学习目标、确认自己学习所需的资源、对学习成果进行评估,这就是自主学习。合作学习是一种互助性的学习方式,它以自主学习为基础,让学生参与到一个小组或者团队中去,以完成共同任务为目标,以明确责任分工为目的,通过合作获得更多的启发、更多的收获和更好的感受。体育学习中需要自主学习和合作学习,因为学生在生理上、技能上、兴趣上、爱好上都有相同点与不同点,所以在体育教学中应该给予他们更多的机会进行自主、合作的学习,使他们学会独立而活泼地同伙伴们一起学练体育运动,并最终实完成体育教学的目标。学生学习由教师包办,从备课、课堂到作业的布置都由教师按照自己的想法进行,想怎么教就怎么教,所有的设计理念和动机学生一概不知,学生只是被动地观察、模仿、培养或者实践,慢慢变得越来越缺乏对体育的热情,对老师越来越依赖。所以,为了让学生成为他们自己学习的主人,在体育中学会自主学习与合作学习,就要有适合他们的教学模式,让学生可以自我监控学习情况,而不能单纯地让教师监督学生的学习情况。

(三)合作学习教学模式的意义

首先,合作学习教学模式是在尊重教育理念指导下提出来的,它符合现代教学理论对人才的根本要求,对它进行实验研究是从时代特征与学生特点考虑的,具有一定的现实意义。

其次,合作学习教学模式在系统内部整合了各种教学资源,激发了学生的参与意识;与以往的传统教学中讲解练习这种教学模式相比,更有利于组内成员间的互帮互学、共同发展,从而获得良好的心理体验,达到培养学生终身体育理念的形成。

合作学习教学模式通过促使学生共同实现目标,增加同学间的互动,有效地运用竞争、合作等教学方法,能够帮助学生形成集体责任感和荣誉感。

建构大学体育"自主探求,学教互动"的能力型教学模式,是大学体育课程特殊性发展的需要。大学体育"自主探求,学教互动"的能力型教学模式,充分体现出"学生为主,教师为辅"的教育理念,它是在学生主体和教师主导互动中建立起的一种稳定的教学活动程序。实践表明,体育俱乐部作为一种组织形式,采用小组或者团队合作的方式开展"自主探求,学教互动"教学,极大地促进了学生自主性的发挥,有利于形成良好的运动态度。

三、多媒体网络体育教学模式

(一)体育网络课程概述

对于什么是体育网络课程,体育教育界至今并没有一个统一的概念。体育网络课程除了要考虑课程建设的一般要求外,还要考虑因教育信息的传播方式发生改变而产生的教育理念、教育模式、教学方法等的诸多变化。

1. 体育网络课程的特征

(1)运动动作图像化

体育运动是一种以身体练习为基本形式的特殊文化现象。传统的体育专业教学方式以教师讲解为主,学生被动地接受知识,这种方式往往使学生感到枯燥乏味,不利于学生掌握传授技艺和学习技能。体育网络课程资源中包含了丰富的运动数据、生理生化及心理数据等信息,通过对这些数据进行处理与分析,可以为教师开展图示化训练和效果分析提供依据,从而提高体育网络课程资源使用的有效性。

(2)实现了基于内容的图像动作仿真化教学

运动技术是影响运动成绩的重要因素之一,计算机图形学已经成为当今最热门的学科,它在教育行业也得到了广泛的应用。在体育教学领域,利用视频来辅助课堂教学已成为一种趋势。在运动技术仿真中引入虚拟现实技术,可以将复杂的技术动作分解为一些简单的动作,帮助运动员更好地理解教练员的训练意图。

(3)实现了动作仿真微格化处理

随着计算机辅助教学技术的不断提高,在体育教学中很重要的内容之一就是要讲解技术动作分解和变化过程,教师要讲解与技术动作有关的脚步或姿态的变化过程以及集体项目战术配合时队员所处地位和运动线路的改变过程。

2. 体育网络课程的目标

课程目标是课程开发的起点和归宿，它直接影响整个课程的设计、开发方向，决定着课程的实现与收效。体育教学网络课程的目标就是要结合体育学科本身的特点、教育目标、培养目标、学生特点以及社会需求而制定。该目标具体为：第一，使学生掌握体育教学基本规律，指导其当下的专业学习以及今后的体育教学实践工作；第二，使学生把握体育教学的基本要素，客观地认识体育教学本质；第三，使学生掌握体育教学方法，提高教学技能；第四，推动体育教学研究。

（二）体育网络课程开发的现状

1. 体育网络课程开发过程中存在质量问题

质量意识淡薄。质量意识是对质量重要性的认识，是质量观的基础理念。目前，对于体育网络课程质量要求的认识还有待于进一步提升。

2. 教职员工参与度不够

体育网络课程质量管理是一项系统工程，不是学校某一个部门或教师能够完成的，这需要每个体育教师的努力。在实施过程中还会遇到很多问题，这些问题如果得不到及时有效的解决，将直接影响到体育网络课程建设的顺利进行，甚至可能造成严重的后果。因此需要从事体育网络课程开发及质量管理相关工作的全体人员给予高度的重视，同时学校必须让每个人对其职位的工作标准或者质量定义有明确的认识，并且全面参与其中，以保证最高管理者的各项承诺得到兑现。

3. 管理责任不到位

构建体育网络课程质量管理体系的重要任务之一是管理责任问题的落实。应当说，管理责任落实贯穿在体育网络课程开发过程中，特别是在进入实质性开发阶段后，是否能够克服困难与阻力，并严格按照质量要求去做，关键在于各级管理责任是否到位。

（三）体育网络课程开发模式及其管理

1. 体育网络课程开发理论基础

（1）体育教学设计论

在体育教学论网络课程开发过程中，只有遵循体育教学设计理论，才能够切实按照体育教学原则，从体育教学目标设计、体育教学方法与手段设计等方面来实现网络课程在体育教学中的优化。

（2）建构主义学习理论

建构主义学习理论主张学习者应该在特定的场景下获取知识并以"学"为主线来设计学习环境。因此，这就需要教师在基于建构主义学习理论开发和实施课程时，重视并关注情景、问题、学习资源、合作、互动、沟通、指导等支持学生自主学习的教学策略，并设计出多元且有个性的学习内容和学习方式。

（3）人本主义学习理论

有学者提出的人本主义学习理论指出：学习并不是刺激和反应的机械联结，它是个体潜能的全面开发和自我发展的一个有意义的心理过程。人本思想在体育教育中具有重要价值，它有利于培养大学生健康积极的情感态度、正确的价值观以及良好的社会适应能力等能力，从而促进其全面发展。因此，体育教学论网络课程开发在遵循建构主义学习理论的基础上，还必须关注人本主义学习理论在体育教学论网络课中的作用，强调以学生为中心，强调营造真实问题情境与协作学习模式相结合，使学生能够全面获取自身所需要的体育知识并发挥其潜能。

2.体育网络课程开发一般原则

（1）科学性原则

体育教学论网络课程开发作为一项巨大的系统工程，具有涉及范围广、影响重大的特点，所以对其科学性原则的要求也相当严格。而体育教学论网络课程体系则应遵循一定的科学规律，主要包括两个方面，一是体育教学论网络教学内容的科学性；二是体育教学论网络课程平台的科学性。

（2）开放性、协作性与交互性并举原则

要想使教师便捷而又适时地调整与更新体育课的系统与内容，首先要解决的是要做到它的开放性。通过开放的技术接口，可以调动学生学习的兴趣与热情，激发他们参与教学的积极性，同时也为学校提供了丰富的教学资源，从而促进网络课程的发展。网络课程开发和设计是一个动态的过程，在这个过程中，网络课程体系的构建需要教师与课程开发者共同参与；协作性观念的引入也带来了交互性的需求，交互性能够让教师更加全面和及时地了解各层学生的学情并及时规范其课程教学，使学生能选择不一样的方法自主学习。开放式体育网络课程构建了体育网络课程体系平台，并在此平台上通过协同工作与多向互动全面实现教师与学生、学生与学生以及人与机器间的信息交换，从而使得体育课程教学变成信息多方向流动的过程。

（3）可持续发展的原则

高校体育网络课程存在着开发各成一体、教师盲目开发网络课程、学生对于网络课程使用不多、课程开发流于形式的不良局面，这迫切需要我们以可持续发展战略思想为指导，运用科学理论杜绝以上不良局面，引领体育网络课程的深入开展，并最终使体育网络教育得到可持续发展。

3.以过程为基础的体育网络课程质量管理体系的构建

（1）体育网络课程质量管理体系构建的基本理念

体育网络课程质量管理的基本理念需要从开发与管理两个层面来看待。同时，课程开发要实现民主化，这样课程的开发才不至于成为某个教师或者学校某个部门的事情，还必须以质量为本，坚持全员、全过程质量管理理念。

课程决策民主化的基本理念。课程决策可以界定为在一定的人才质量观指导下，为达到一定的教育目的（主要是人才的培养目标），在一定的信息、知识和经验的基础上，依据一定的人才培养模式，选择或确定一个合理的课程体系构造方案的分析、判断、决策的活动。因为体育课程内容包括了知识资源、经验资源和身体练习资源。体育网络课程开发决策民主化意味着发挥参与开发团体、学生以及利益相关方的作用的管理策略，课程的决策分享由统一化走向多样化，其实质在于权力分享以及与之相应的责任分担，保证体育网络课程开发过程，众多权利主体广泛参与，以期更好地发挥体育网络课程的功效。体育网络课程开发的决策过程应该是民主的，应该遵循体育网络课程初步定向、价值评估、征求师生、家长和专家意见等必要的民主程序，尊重学校的独特性、师生的差异性，突出学校的课程特色，使之满足学生的学习需求，发挥学校的体育教育资源优势。当然，民主决策的过程也要体现一定的集权理念，这样才能使体育网络课程有标准化的组织结构、管理方法与管理程序。

以质量为本的理念。市场的竞争归根结底是质量的竞争，企业的竞争能力与生存能力主要取决于它满足社会质量需求的能力。要想在体育网络课程这片领域站住脚，并得到发展，那就必须把质量放在第一位，走以质量求生存、求发展，以特色取胜的内涵式发展道路。体育学习内容的选择实际上是一个根据教学目标对各类运动素材分析判断的优选过程。总之，体育网络课程的运动素材—教学目标—价值的判断—典型性分析—实施条件—学习内容，这一系列的内容都应该体现出以质量为本的理念。

全过程管理理念。任何产品或服务的质量都有一个产生、形成和实现的过程。也就是说，要保证课程的质量，必须从立项开发到最后的交付都要有质量管理，要把质量形成全过程的各个环节或有关因素控制起来，形成一个综合性的质量管理体系，做到以预防为主，防检结合，重在提高。这就要求体育网络课程在开发过程中，必须防止不符合质量要求的环节流入下一道工序，并对发现的问题及时反馈，防止其再出现、再发生。

（2）以学生为关注焦点的体育网络课程质量管理体系构建理念

ISO9001标准的管理原则中指出，组织依存于顾客。在本文中，这个组织即学校，顾客即学生。而以学生为关注焦点原则体现为一个完整的管理过程：确立以学生为关注焦点的经营理念，将这一理念传达到课程开发及其他相关方面，识别并确定学校的目标顾客，识别、分析学生的需求并制定学生满意目标，调查学生满意度及实现目标情况，分析改进，识别学生新的需求并进入下一个运行体系的循环。

（3）体育网络课程质量管理体系构建的基本策略

体育网络课程开发质量管理的策略，应该从项目开发组织与课程开发本身两个层面来看待。从课程开发本身来看，首先，必须坚持整体规划与分步推进相结合的策略；其次，力求使体育网络课程质量管理制度化、标准化、文件化；再次，强调对体育网络课程质量管理的持续改进，建立一个自我完善和改进的机制。从项目开发组织来看，必须坚持整体规划与分步推进相结合的策略，按照体育网络课程软件生命周期与体育网络课程开发进程进行。

第三节 体育精神与文化创新研究

在社会日益发展的今天，体育文化也逐渐得到了普遍重视。体育文化与体育精神有着密不可分的关系。体育运动盛会不仅提升了城市的文化品位和精神内涵，而且对社会产生着潜移默化的影响。体育比赛是人类社会文明进步的标志，是一个国家综合国力竞争的体现。体育文化作为一种独特的文化现象，具有强大的感染力。体育比赛既可促进竞技水平的提高又可推动人类文明进程。体育在现代生活中发挥着重要作用，体育文化既是提升个人文化素养和修养的重要途径之一，更是弘扬体育精神的重要载体和精神领域。奥运会作为世界上最高水平的体育盛会，充分展现了体育文化与体育精神。体育给人带来的不只是体育竞赛自身的魅力，其表现出来的文化与精神魅力也确实令人叹为观止。

一、体育文化与体育精神的概述

体育文化从大的方面说是体育运动自身隐含的、围绕着体育运动而产生的全部物质文明和精神文明的总和。从小的方面说是体育运动中某方面文明因素的总和。狭义的"体育"仅指竞技运动，如足球比赛；而广义的"体育"则包括了所有涉及人身心发展的各种活动内容。从这个意义上讲，体育也可以说是一种精神生产。体育文化体现了人自身的需要。它由人在体育生活及体育实践过程中创造出来，通过身体形态、动作技能、运动器材、物质等有形因素及与社会属性相联系的意志、思想、时代精神等无形因素体现，表现出各有特色的存在方式。

所谓体育精神，就是指蕴含在体育运动之中，对于人类发展县具有启发与影响意义的宝贵思想、作风与意识。体育精神是一种从体育运动中滋生出的意识形态。体育不仅是一个国家或地区社会经济文化建设的重要内容，而且也是社会主义精神文明建设的有机组成部分。在中国传统文化里，"尚武"与"崇文"是一对孪生姐妹。它超越体育运动自身而内化成人内心的信仰与追求。

二、体育文化中所折射出的体育精神

体育这种特殊的文化给人带来的不只是视觉或者听觉感官的震撼，更能让人热血沸腾。体育文化是体育精神的集中体现。如今，世界各国都十分重视体育和体育文化的研究与发展。中国作为一个历史悠久的文明古国，在长期的历史演变过程中积淀了丰富而又深厚的文化底蕴，形成了以爱国主义为核心的体育精神和自强不息、顽强拼搏的时代精神。体育精神是体育的灵魂和精髓。体育文化和体育精神互为补充，两者之间的关系是不可或缺的，是共同发展的。

(一)体育文化中的爱国主义精神

体育文化是当今时代下的重要文化之一,体育精神作为体育中体现出的特有精神而独具魅力价值。在体育文化当中表现出来的爱国主义精神也正是体育精神的主要内容。从首位奥运金牌获得者许海峰,再到有着"铿锵玫瑰"之称的中国女排的姑娘们,他(她)们都心系祖国,在世界体育竞技赛场上取得了可喜的战绩。2012年伦敦奥运会,中国运动健儿顽强拼搏,取得38枚金牌、27枚银牌、22枚铜牌奖牌数的优异成绩,奖牌数名列世界第2位,继2008北京奥运会后再次向全世界证明中国体育事业的强大。这些成就的取得是我国运动健儿辛勤劳动的成果,也是全国人民万众一心、全力支持的成果,凝聚着全国人民浓厚的爱国主义情怀。中国运动健儿在世界体坛创造出一个又一个奇迹。当我们这些运动健儿登上奥运会赛场时,屏幕内外十几亿只眼睛都向他们投来了期盼、勉励的目光。大家都给中国运动健儿加油鼓劲,有多少人一直在午夜耐心地守着电视机,只为欣赏伦敦奥运赛场中国运动健儿那钢铁一般的拼搏精神。当雄壮而又亲切的国歌响彻奥运会场时,有多少中华儿女心潮澎湃。

在北京举行的第29届奥运会上,中国队夺得金牌总数第一的好成绩,实现了历史性突破。在奥运史上留下浓重一笔。望着五星红旗的升起,人民心潮澎湃、血脉贲张、心系祖国、默默为祖国更繁荣更富强祈祷。人们对于奥运会的热切关注更是凝聚着无数中华儿女拳拳爱国之心。

从部分体育文化作品中,还能找到运动员身上体现出的宝贵爱国主义精神。比如体育文学作品《中国女孩》的作者就跟随着中国女排,零距离接触和感受中国女排的训练生活。作者亲身体验中国女排在训练、参赛中所付出的辛劳,也体会到中国女排的姑娘们承受的失败所造成的内心压力和外界舆论。作者通过体育文化作品等方式把其喜、怒、哀、乐全部真实地表现出来,尤其把更多笔墨放在了描写中国女排心灵深处的爱国情怀上。在奥运会上,女排姑娘们不惧艰难险阻,敢于挑战自我,即使没有鲜花和掌声,仍有着坚定而执着的信念,她们就是中国优秀的女子排球运动员。中国女排不惧艰难险阻,战胜重重艰难险阻,顽强拼搏,终于获得了一个又一个伟大的殊荣。爱国主义精神已经深深地融入中国女排的血脉中,升华成为为国争光的体育精神和永不停歇的斗志。在众多体育文化作品当中,可以看到许多优秀的运动员在训练和竞赛过程中表现出的爱国主义精神。又如体育文学作品《扬眉剑出鞘》中女剑客栾菊杰参赛,尽管受了重伤,体力不支,仍奋力拼搏,因其心中始终想着让五星红旗冉冉升起,让激昂向上的国歌声回荡场上,最后她终于凭借奋勇拼搏为国争光。纵观这些体育文化作品,体现出运动健儿身上浓厚的爱国主义情怀,而这些体育精神也鼓舞了一代代体育运动健儿为此而奋斗。

(二)体育文化中的奋力拼搏精神

奋力拼搏精神是体育文化里最为可贵的精神,是体育精神中最突出的精神力量。在许多体育文化作品里,主人公身上都能鲜明地体现"更高、更快、更强"的奥运精神,这种敢为天下先的体育精神始终与之相伴。如在我们民族的传统体育项目—武术中,"以柔克刚"就是其中的典型代表。它所表现出来的那种顽强不屈、奋发向上的精神状态令人感动与敬佩。在体育文学作品《中国姑娘》中,作者重点描写运动员陈招娣锲而不舍的斗志。陈招娣意志坚定、克服困难、不断地挑战自己、战胜自己,按照训练标准严格完成了每一个竞技体育项目。在比赛中不惧挫折、不惧失败,在一次又一次的竞赛中逐步成长,为国家取得了优异成绩,同时也帮助自己实现了理想。事实上,无论哪种体育文化都有着多样的展现形式,大家可以诠释出一种共同的体育精神,那就是拼搏精神。无数运动健儿以行动践行了自强不息、锲而不舍的拼搏精神。

三、体育精神对体育文化发展的积极作用

对于运动员而言,体育比赛不只是体力和体质的比拼,也不只是体育运动技巧的比拼,还有意志力的比拼。它要求运动员在激烈的竞争中不仅要具备良好的身体条件和竞技能力,还要具备顽强的意志品质和高尚的情操。这就决定了体育精神是现代社会不可或缺的重要组成部分。一名优秀运动员除需具备优秀的身体素质、精湛的运动技术外,还要具备顽强的品格、执着的意志、乐观的态度以及沉着冷静的心理素质。通俗地讲,运动员要有挑战自己、战胜自己、实现自己的体育精神。可见体育精神在体育文化发展过程中起到了积极的推动作用。首先体育精神可以促使体育文化作品的艺术性与思想性得到提高,体育精神带给人阳光积极的心态。所以,人们可以从体育文化作品中反映出来的体育精神中得到很好

的熏陶。在进行体育文化作品创作时，体育精神可以将整篇作品的理念上升到全新的层次，使读者的灵魂接受体育精神的洗礼，变得更纯净、更真挚、更活跃、更阳光。作为体育文化作品创作者，一定要充分考虑体育精神在观众心目中的作用，既要重视体育文化的艺术性，又要重视体育文化的思想性，特别是要充分考虑体育精神在作品之中的表现。其次，体育精神可以推动体育文化作品在表现手段、表现水平等方面的进步。例如，奥运电影是体育文化中重要的表现形式之一，很多经典的奥运电影都十分注重对体育精神的展示。如奥运题材的电影《奥林匹亚》，既较好地体现了体育精神，又充分展示了摄影、剪接等电影技术。奥运电影《东京奥运会》则更加注重对比赛细节、运动员心理等元素的展现。由此可见，体育文化作品要更好地将体育精神表现出来，还必须不断提高表现手段和表现技术。又如体育文化作品《强国梦》《奥运情愫》等，在充分表现了体育精神的同时，也使体育文化表现的形式和载体得到了拓展。

四、体育文化与体育精神的创新发展

随着社会的不断发展，人们对体育文化与体育精神的认识越来越清晰，实现体育文化与体育精神的创新性发展可以从以下几个方面入手：

第一，借助体育运动发展的良机，搞好体育文化与体育精神的建设。国家在注重体育运动事业的同时，应加强体育文化建设，以实现文化的大繁荣大发展。一是搞好体育文化建设可以从体育电影、体育文学作品等方面入手，加强体育文化产品的创作、开发与利用。将竞技体育文化与群众体育、民族体育等的相关创作联合起来。在文学形式上追求百花齐放，促进各种体裁、各种形式的体育文化产品的大繁荣。二是注重体育精神的宣传。在开展体育文化建设时，一定要不断强化体育精神的传播，除了追求体育文化产品的文化品质外，更应该追求精神品位。要用先进的思想引领和鼓舞广大青少年学生，引导他们树立正确的价值观、人生观，使他们能够在健康向上的环境中成长为德智体美劳全面发展的人才。大力弘扬优秀的体育文化作品，使之成为弘扬体育精神的重要载体，激励一代又一代人为实现中华民族伟大复兴而努力奋斗，进而推动整个社会的繁荣与进步。

第二，不断地发掘、充实与发展新的体育精神。这就要求充分发挥体育运动自身所具有的魅力，加强对外宣传力度。通过举办各类体育赛事等形式来扩大影响、提高知名度，使更多的人了解到中国优秀的传统体育文化。注重培养青少年对中国传统体育的热爱，促进体育文学作品及健康文化精神传承，达到弘扬民族文化的目的，同时有效促进中外体育文化之间的相互影响和沟通。

第三，坚持以体育运动为基础点、以体育精神为核心，将两者深入各类体育运动现场之中。要加强对我国优秀传统体育项目的挖掘、整理与开发工作，使之得到更好的传承发展。打造更加优质的竞技体育赛事，同时也要符合民族体育活动实际要求，使人们沉浸在民族运动呈现出的体育风俗之中，这样才能在某种程度上保证其所塑造的体育人、各项体育赛事及民族体育精神具有中国特色和风采，对国际互动交流亦有极大帮助。

体育文化是世界范围内的重要文化之一，体育精神作为体育中体现出的特有精神而独具魅力价值。同时，体育也是社会主义精神文明建设中不可或缺的一部分，它对于推动社会文明进步，提高人民生活质量都有着不可替代的作用。在当前大力发展体育运动的大背景下，要充分认识到开展体育文化及体育精神建设的重要性及必要性，重视体育运动中蕴含的体育文化及体育精神，妥善处理好发展体育运动同加强体育文化及体育精神修养之间的关系，创新体育文化及体育精神修养的观念及形式，推动我国体育文化及体育精神建设更好更快发展。

参考文献

[1] 毛振明,陈海波.体育教学方法理论与研究案例[M].北京:人民体育出版社,2009.

[2] 熊汉涛,杨秀东,郑涛,等.健康视角与体育教学方法创新[M].北京:中国原子能出版社,2017.

[3] 李健,刘英杰,蔡传.体育课堂教学技能理论与方法[M].厦门:厦门大学出版社,2018.

[4] 陈杰,马玲,张宇.体育训练与运动心理[M].北京:中国纺织出版社,2019.

[5] 罗明珠.体育教学与运动技能分析[M].长春:吉林人民出版社,2019.

[6] 张成波.体育教学方法与策略研究[M].长春:吉林人民出版社,2019.

[7] 王智勇,刘宁,胡思.大学体育教学方法与管理研究[M].北京:中国华侨出版社,2021.

[8] 杨榕斌.体育强国视域下高校体育教学创新发展研究[M].北京:中国原子能出版社,2022.

[9] 徐焕喆,赵勇军.新时代我国高校体育教学改革任务及措施[J].体育文化导刊,2022(2):98-103.

[10] 杜鹏英,苏蕊.高校线上体育教学研究[J].武术研究,2022,7(1):138-140.

[11] 庄巍,樊莲香,汤海燕,等.新时代大学公共体育在线教学建设研究[J].体育学刊,2021,28(5):83-88.

[12] 李东豪.心理技能训练对运动表现的影响[J].当代体育科技,2021,11(11):37-40.

[13] 刘立. "适应体育"教育理论视角下高校公共体育教学探究[J]. 黑龙江高教研究, 2021, 39（2）: 157-160.

[14] 陈秋惠. 基于学生核心素养的高等体育教学研究[J]. 科学咨询（科技·管理）, 2020（10）: 30-31.

[15] 吴加弘, 袁空军. 基于社会网络分析的体育教学研究可视化分析[J]. 攀枝花学院学报, 2020, 37（5）: 87-97.

[16] 汤江涛. 基于体育心理学下的体育教学研究[J]. 课程教育研究, 2020（18）: 212-213.

[17] 王岚田. 基于体育课程改革背景下的我国高校体育教学研究[J]. 田径, 2020（4）: 48-50.

[18] 王佳茵. 高校体育教学信息化建设与管理的实施策略研究[J]. 教育理论与实践, 2020, 40（6）: 62-64.

[19] 罗君波, 林芸. 现代教育技术背景下高校体育教学改革研究--评《现代教育技术革新下高校体育教学研究》[J]. 高教探索, 2019（12）: 139.

[20] 陈庚仁. "课程思政"视域下的高职体育教学研究[J]. 智库时代, 2019（19）: 106+108.

[21] 吴森福. 翻转课堂在高职院校体育教学中的实践研究[D]. 兰州: 西北师范大学, 2019.

[22] 毕梦蕊. 体育运动中一般心理技能训练方法的综述研究[J]. 灌篮, 2019（11）: 97.

[23] 王国亮. 翻转课堂引入高校公共体育教学的实证研究[J]. 西安体育学院学报, 2019, 36（1）: 110-116.

[24] 赵富学. 课程改革视域下体育学科核心素养研究[D]. 南京: 南京师范大学, 2018.

[25] 樊申元, 孙文树. 基于知识图谱的国内外高校体育教学研究现状分析[J]. 南京体育学院学报（自然科学版）, 2017, 16（3）: 95-101.

[26] 马丽. 高校公共体育教学中的德育渗透研究[D]. 北京: 北京体育大学, 2017.

[27] 党林秀. 基于学生全面发展的体育教学方式理论与实践研究[D]. 上海: 华

东师范大学，2017.

［28］高奎亭. 模式与策略：MOOC融入高校体育教学研究［J］. 体育研究与教育，2017，32（1）：72-76.

［29］戴红，王忠，宋大维等. 大数据视角下的高校体育教学研究［J］. 中国学校体育（高等教育），2016，3（7）：35-39.

［30］廖萍. 信息技术时代下体育教学变革的传播学审视［D］. 武汉：华中师范大学，2015.

［31］薛飞娟. 高校体育教学中微课程设计研究［D］. 吉首：吉首大学，2015.

［32］吴杜娟. 新课程背景下高中体育教师课堂教学行为研究［D］. 长沙：湖南师范大学，2014.

［33］崔艳艳. 我国普通高校体育教学环境研究［D］. 石家庄：河北师范大学，2012.

［34］张谦. 新视域下体育教学中的创新教育探析［J］. 中学教学参考，2011（12）：87.

［35］徐翠. 新视域下体育课堂教学有效性探析［J］. 文理导航（下旬），2010（12）：59.

［36］李秀英. 新视域下体育教学应培养学生自我锻炼能力［J］. 新课程学习（基础教育），2010（8）：62-63.

［37］许长春. 新视域下体育教学中不可忽视学生良好锻炼习惯的培养［J］. 新课程学习（学术教育），2009（12）：158.

［38］姒刚彦，李庆珠，刘皓. 当代体育运动心理学跨文化研究述评［J］. 心理学报，2006（3）：468-474.

［39］翟丰. 运动心理技能的特征及其训练的现状［J］. 山东体育科技，2001（1）：24-25+23.